FRÜHSTÜCKSPOWER

Der perfekte Start in den Tag

David Bez

FRÜHSTÜCKSPOWER

Der perfekte Start in den Tag

Edition
Fackelträger

Inhalt

Einleitung

Ein gutes Frühstück ist wichtig

Wie häufig frühstücken wir, ohne überhaupt einen Gedanken daran zu verschwenden.

Wenn ich an das Frühstück denke, das ich im Laufe meines Lebens zu mir genommen habe, so bestand es bis zum Alter von 15 Jahren überwiegend aus Milch und Keksen und später aus Cappuccino und Croissants. So war es zumindest bis vor wenigen Jahren.

Nachdem ich mein Mittagessen im Büro vor einigen Jahren komplett umgekrempelt und mein erstes Buch *Salat-Power* veröffentlicht hatte, wollte ich auch mein Frühstück, allgemeinhin als wichtigste Mahlzeit des Tages betrachtet, ändern und auch dort die gleichen Regeln und Vorsätze verwirklichen. Ein gutes Frühstück bringt dich durch den Tag und hilft dir, alle Herausforderungen zu meistern. Ich habe mit Ernährungsberatern gesprochen und zahlreiche Artikel gelesen, um zu erfahren, welches Frühstück am besten und gesündesten ist. Und ich bin, wie immer, auf eigene Entdeckungsreise gegangen und habe mit mir, meinem Körper und meinem Geschmack experimentiert – und zwar jeden Tag zwei Jahre lang.

Dabei lernte ich, dass die Gerichte möglichst appetitlich und farbenfroh angerichtet werden sollten, damit sie Augen und Fantasie anregen. Das ist die erste Grundregel. Regel Nummer zwei besagt, dass die verwendeten Zutaten nicht bearbeitet, sondern möglichst naturbelassen sein sollten. Deshalb meide ich fertige Müslis und Granolas sowie aromatisierte Joghurts. Manchmal esse ich Cerealien, auch Cornflakes, doch diese sollten dann gluten- und zuckerfrei und vollwertig sein.

Ich war früher bei Früchten immer sehr zurückhaltend – fragen Sie mich nicht, warum! Wahrscheinlich war ich einfach zu faul, die Früchte zu waschen oder sie zu schälen, und entschied mich stattdessen immer für die einfachere, fertige Kohlenhydrat-/Zucker-lösung. Auf meiner Mission für ein besseres Frühstück zwang ich mich, Früchte für mich wiederzuentdecken, eine Frucht nach der anderen, und die Erfahrung war einfach großartig. Inzwischen liebe ich Früchte und kann mir nicht mehr vorstellen, jemals ohne sie ausgekommen zu sein!

Ich machte es mir zur Aufgabe, zu zeigen, was allgemeinhin als gesund angesehen wird und was führende Ernährungsberater aktuell dazu zu sagen haben (allerdings kann das in einigen Jahren schon wieder ganz anders aussehen …), und versuchte, zu einer allgemeinen Aussage zu kommen, die langfristig Gültigkeit besitzt und nicht irgendwelchen Trends folgt.

Außerdem wollte ich erfahren, was verschiedene Kulturen weltweit zum Frühstück essen, und versuchte, diese Erfahrungen meinem Geschmack und meinem Lebensstil anzupassen. Auch Gemüse und herzhafte Gerichte sollten auf meiner Frühstücksliste stehen. Fragt man Italiener, so werden sie sagen, dass für sie etwas Süßes unbedingt zum Frühstück gehört, doch es überraschte mich zu erfahren, dass nicht nur die Briten für ihr herzhaftes Frühstück mit Gebratenem bekannt sind, sondern dass auch Asien, Südamerika, Afrika, Deutschland und andere europäische Länder verschiedene herzhafte Frühstücksvariationen kennen.

Eine Grundregel ist Schnelligkeit. In diesem Buch geht es nicht um den ausgedehnten und üppigen Brunch am Sonntag. Hier steht das alltägliche Frühstück im Vordergrund: einfach und schnell in der eigenen Küche oder in der Küche im Büro zubereitet.

Einige Sachen müssen vorher vorbereitet werden (z. B. eingeweichte Nüsse, Samen und Haferflocken, gegarter Reis und einige zusammengemischte Zutaten), doch das Selbermachen macht wirklich Spaß! Oft müssen Sie nur am Abend vorher einiges vorbereiten. Wenn Sie dann morgens aufstehen, richten Sie alles nur noch in der Müslischale an. Die Wahrheit ist, dass das allermeiste, was Sie im Supermarkt an Frühstücksprodukten kaufen, übermäßig bearbeitet ist und voller Zucker steckt.

Meist stelle ich mir dieselben Fragen in Bezug auf mein Essen und auch das Frühstück bildet da keine Ausnahme: Schmeckt es gut? Ist es gesund (was man normalerweise als gesund bezeichnen würde)? Fühlt man sich wohl damit? Ist es einfach zuzubereiten? Macht es zufrieden? Macht es schlapp oder gibt es ausreichend Energie? Sieht es appetitlich aus?

Ich hoffe, ich habe zu all diesen Fragen eine Antwort parat.

Viel Spaß bei Ihrer Frühstücksreise.

1. Früchte oder Gemüse

2. Früchte oder Gemüse

3. Cerealien

4. Eiweiß

5. Toppings

6. „Dressing"

Anatomie eines Frühstücks

Mein Frühstück teile ich in verschiedene Zutaten: Frucht und/oder Gemüse, Cerealien, Eiweiß, zusätzliche Toppings und eine Flüssigkeit, also eine Art „Dressing". Das sind die Hauptbestandteile, doch Sie werden bei den Rezepten feststellen, dass ich oftmals experimentiere. Sie können je nach Lust und Laune die Zutaten auswählen und Ihr Frühstück genießen.

Früchte und Gemüse

Früchte und Gemüse machen den Großteil meines Frühstücks aus. Mindestens zwei Frucht- oder Gemüseportionen – keine Cerealien – kommen als Basis in meine Frühstücksschale. Das ist eine Abkehr vom herkömmlichen Frühstück, bei dem eine große Schale mit Brei oder Müsli mit einigen Erdbeeren garniert wird. Stattdessen genehmige ich mir eine große Dosis Früchte und Gemüse, die um Eiweiße und eine geringe Menge Cerealien ergänzt wird.

Cerealien, Getreide und Samen

Ich esse noch immer Cerealien wie Haferflocken, Cornflakes und Quinoa, allerdings wesentlich weniger als früher. Meist nehme ich ⅓ Tasse (falls möglich) gluten- und zuckerfreies Getreide.

Eiweiß

Eventuell kommen noch einige Eiweiße in die Schüssel, wie etwa Schinken, Rind- oder Hühnerfleisch, Eier, Fisch, Joghurt, Käse oder Tofu, Linsen, Quinoa, Nüsse oder Samen – je nach speziellen Ernährungsbedürfnissen und Geschmackswünschen.

Toppings

Ein Topping bringt zusätzlich Geschmack und Farbe in die Frühstücksschale. Frische Kräuter, essbare Blüten, Blütenpollen oder Trockenfrüchte sind gut geeignet (aber nie mehr als 1 Teelöffel).

„Dressing"

Abgerundet wird das Ganze mit einem „Dressing" bzw. mit dem cremigen/flüssigen Teil des Frühstücks. Das können Säfte, Milch oder Milchersatzprodukte sein.

Die Zutaten bilden ein ausgewogenes Ganzes: Süße und Säure, die Größe der einzelnen Bestandteile, saftige Früchte und Gemüse, knusprige Cerealien und Nüsse sowie zum Schluss ein cremiges und sämiges Dressing.

1. Früchte

Das Frühstück sollte mindestens zur Hälfte aus Früchten und Gemüse bestehen, nicht nur weil man mindestens fünf Portionen am Tag davon essen sollte, um alle notwendigen Vitamine, Mineralien und Ballaststoffe aufzunehmen, sondern weil sie lecker schmecken, sättigen und Farbe ins Frühstück bringen.

Ich mag lieber große als fein geschnittene Fruchtstücke, sodass ich die einzelnen Zutaten noch gut erkenne. Aus demselben Grund bevorzuge ich rohe Früchte, zumal sie einen intensiveren Geschmack und einen höheren Nährwert haben. Allerdings gebe ich manchmal einige Trockenfrüchte zu. Doch mehr dazu auf Seite 23.

Der erste Teil des Buches widmet sich dem süßen Frühstück, bei dem Früchte die Hauptrolle spielen, aber auch im herzhaften Teil mischen Früchte mit. Es gibt jeweils mindestens vier Rezepte zu diesen wunderbaren Früchten: Apfel, Ananas, Aprikose, Avocado, Banane, Birne, Blaubeere, Brombeere, Kaki, Erdbeere, Feige, Granatapfel, Grapefruit, Himbeere, Kirsche, Kiwi, Clementine, Kokosnuss, Litschi, Mango, Melone, Nektarine, Orange, Papaya, Passionsfrucht, Pflaume, Physalis, Traube und Wassermelone.

Ich experimentierte mit jeder einzelnen Frucht mindestens eine Woche lang, um die bestmöglichen Geschmackskombinationen zu finden. Das Ergebnis war, dass ich mich neu in Früchte verliebt habe. Sie sind süß, saftig und voller Geschmack – und tun mir einfach gut!

2. Gemüse

Gemüse zum Frühstück? Warum nicht? Wussten Sie, dass in der Türkei Oliven, Tomaten und Gurken schon zum Frühstück serviert werden? Die Mexikaner essen zu ihrem Frühstücksei Avocados, Tomaten und Paprikas. Daher fragte ich mich, warum ich nicht auch Gurken, rohe oder geröstete Paprikas, Karotten, rohe oder geröstete Zucchini, gedünstete grüne Bohnen, Auberginen oder gerösteten Butternusskürbis zum Frühstück essen sollte.

Einige Gemüsesorten müssen Sie am Abend vorher zubereiten. Sie können Zeit sparen, indem Sie einfach zum Abendessen etwas mehr Gemüse rösten oder mehr Bohnen dünsten, wenn Sie das Essen für den nächsten Mittag vorbereiten. Ich persönlich röste immer gern größere Mengen Gemüse, die ich dann einige Tage in einem luftdicht verschließbaren Behälter im Kühlschrank lagere und dann direkt ins Frühstück geben kann.

3. Cerealien

Als Kind verlangte ich morgens immer nach irgendeiner Form von Weizen, und zwar zusammen mit Milch. Croissants, Kekse, jede Art von Brot, wenn möglich getoastet. Im Urlaub aß ich vorzugsweise Toast mit Butter und Marmelade.

Ich habe gelernt, meine Kohlenhydratzufuhr zu mäßigen, um meinen Drang nach Zucker zu kontrollieren. Ich habe versucht, gleichzeitig aber noch ausreichend davon zu mir zu nehmen, um Energie zu bekommen. Also kein weißes Mehl oder keinen weißen Zucker mehr, sondern Maismehl, Reis, Buchweizen, Amarant, Quinoa, Haferflocken, Graupen, Vollkorngetreide und vieles mehr. Ich kontrolliere stets den Zuckeranteil in fertigen Frühstücksmüslis. Man muss nur genau hinschauen, dann findet man auch zuckerfreie Cornflakes, Vollkornflocken und neue Produkte wie Granola und Müsli in Rohkostqualität ohne raffinierten Zucker.

Die Schüssel Porridge am Morgen ist wahrscheinlich der britische Klassiker schlechthin, genauso wie Frittiertes und Bohnen auf Toast. Ich war nie ein großer Fan von Porridge, aber ich habe gelernt, es zu mögen und es richtig zuzubereiten. Die Regel ist ganz einfach: ein Teil Haferflocken auf zwei Teile Flüssigkeit (z. B. Milch, Mandelmilch oder Wasser). Die Mischung in einem Topf bei geringer Hitze erhitzen und unter gelegentlichem Rühren 8 Minuten köcheln lassen, bis ein sämiger Brei entstanden ist. (Mit Amarant oder Buchweizen zubereitetes Porridge sollte 15 Minuten garen, mit Quinoa 20 Minuten und mit Reis 30 Minuten.) Manchmal gebe ich noch 1 Prise Gewürz dazu, um das Ganze aufzupeppen. Meist brauche ich nicht mehr als ⅓ Tasse Porridge, denn in meinem Frühstück sind die Früchte die eigentlichen Akteure.

Eingeweichte Haferflocken

Haferflocken sind leichter verdaulich und nährstoffreicher, wenn sie über Nacht eingeweicht werden. So werden die Giftstoffe abgebaut, während die Flocken roh bleiben. Eine Schale mit eingeweichten Haferflocken macht mich bis zum Mittagessen satt. Sie sind einfach zuzubereiten. Denken Sie lediglich daran, sie vor dem Zubettgehen einzuweichen. Ich weiche sie gern in Mandelmilch ein, doch Joghurt, Orangensaft und Apfelsaft sind gute Alternativen. Auch hier ist die Regel wieder ganz einfach: ein Teil Haferflocken auf einen Teil Flüssigkeit. Manchmal rühre ich noch einige Gewürze unter, die für zusätzlichen Glanz sorgen, allerdings nur jeweils 1 Teelöffel Kakaopulver oder gemahlenen Zimt, gemahlene Maca, Açai, Lucuma oder Kurkuma.

Granola (Knuspermüsli)

Ein Granola besteht meist aus einer Mischung aus Getreide, Trockenfrüchten, Nüssen, Kernen und Samen, die zusammen mit einem Süßungsmittel und einem Öl geröstet werden. Jeder hat hier sein eigenes Rezept und variiert die Zutaten entsprechend seines Vorrats.

Die meisten fertig gekauften Granolas sind voll mit billigen raffinierten Ölen (Sonnenblumen- oder Palmöl) und billigen raffinierten Süßungsmitteln (weißer Zucker oder Zuckerrohrsirup). Richtig gut wird ein Granola nur, wenn Sie es zu Hause in Ihrer Küche zubereiten und Zuckergehalt und Geschmack selbst bestimmen können.

Ich bin kein großer Fan von Granolas, die aus vielen verschiedenen Getreidesorten, Früchten, Nüssen und Kernen bestehen. Ich sehe gern, was ich esse, und möchte die verschiedenen Geschmacksnoten herausschmecken. Ideal ist daher für mich eine Kombination aus einem Getreide, einer Trockenfrucht, einer Nuss und einer Kernsorte – und vielleicht noch einem Gewürz, aber Sie brauchen nicht so ein Minimalist zu sein wie ich. Wann immer ich kann, verwende ich natürliche Süßungsmittel. Honig ist gut, aber er ist zu schade zum Rösten, denn dabei verliert er seine antibakteriellen Eigenschaften.

Ich nehme auch gern „Getreidesorten" wie Buchweizen oder Quinoa (beides sind streng genommen „Pseudo-Cerealien"). Sie müssen vor dem Rösten eine Nacht eingeweicht werden. Zum Süßen nehme ich Ananas- oder Apfelsaft (manchmal sogar Karotten- oder Rote-Bete-Saft), und Kokosöl ist mein bevorzugtes Öl.

Dies ist mein Lieblingsrezept: den Backofen auf 160 °C vorheizen. 1 Tasse Haferflocken, ½ Tasse Fruchtsaft, 1 EL Nüsse oder Kerne (Walnusskerne, Haselnüsse, Cashewkerne, Sonnenblumenkerne, Kürbiskerne), 1 EL Trockenfrüchte (Kokosraspel, Aprikosen, Datteln, Rosinen, Mangos, Ananas, Gojibeeren), 1 EL Kokosöl und 1 TL Gewürze (s. Seite 18) mischen und gleichmäßig auf einem mit Backpapier ausgelegten Backblech verteilen. 30 Minuten im Backofen rösten, bis das Granola schön goldbraun ist. Dabei gelegentlich umrühren.

4. Eiweiß

Ein Teil Ihres Frühstücks sollte aus Eiweiß bestehen. Ich bin überzeugt, dass Sie inzwischen wissen, dass Eiweiße von unterschiedlichen Quellen stammen können, nicht nur von Fleisch und Fisch.

Nüsse und Joghurt, Eier und Käse, Schinken und Fisch – Eiweiß können Sie schon früh am Tag auf unterschiedlichste Weise aufnehmen. Es sättigt und gibt Energie für den ganzen Morgen. Sicherlich sind Nüsse und Kerne natürliche Begleiter zu Früchten, doch ich experimentiere gern mit Käse und salzigem Aufschnitt wie Schinken zu Früchten. (Manchmal mische ich Käse in vegetarische Salate. Es gibt jedoch auch eine wachsende Zahl labfreier Käsesorten, auf die Sie gegebenenfalls zurückgreifen können.) Fisch und Fleisch passen gut zu einer herzhaften Frühstücksvariante, doch sollten Sie sich auf einige Überraschungen gefasst machen. Genau wie Käse gehören auch Hülsenfrüchte wie Linsen, Kichererbsen sowie Hummus und Bohnen zu den herzhaften Eiweißlieferanten.

Während meiner Recherche habe ich herausgefunden, dass das Ei der typische Bestandteil eines Frühstücks ist, und zwar weltweit – egal ob England, Amerika, Spanien, Japan, Frankreich, Brasilien, Ägypten, Mexiko, Deutschland, Israel oder Korea. Im Zweifelsfall können Sie also ein pochiertes, hart oder weich gekochtes Ei oder ein Spiegelei oder Omelett in Ihre Frühstücksschale geben.

5. Toppings

Zum Topping zählen Kräuter und süße Zutaten, von denen meist schon 1–2 Esslöffel ausreichen, um das Frühstück zu etwas Besonderem zu machen. Ich liebe Trockenfrüchte wie Aprikosen, Datteln, Rosinen, Pflaumen, Blaubeeren, Kokosnuss, Mango, Ananas, Maulbeeren und Gojibeeren. Auch Blütenpollen gehören für mich in diese Kategorie, obwohl es keine Trockenfrüchte sind. Sie unterstützen die süße Note eines Frühstücks. Ich ordne Trockenfrüchte nicht in dieselbe Kategorie ein wie frische Früchte, da ihr Zuckergehalt (und Geschmack) so intensiv ist, dass schon 1 Esslöffel ausreichend ist.

In herzhaften Frühstücken sorgt eine Handvoll frischer Kräuter für eine duftige Note. Ich bevorzuge Basilikum, Dill, Estragon, Schnittlauch, Koriander, Minze, Oregano, Petersilie, Rosmarin, Salbei und Thymian. Minze und Estragon passen auch gut zu süßen Rezepten.

6. „Dressing"

Schon ein wenig Dressing reicht aus, um alle Bestandteile zusammenzubringen. Es ist das i-Tüpfelchen eines Frühstücks. Ohne Dressing würde die Schale trocken, willkürlich zusammengewürfelt und traurig aussehen, fast schon ungenießbar. Selbst Milch macht das Frühstück zu nichts Besonderem. Deshalb bediene ich mich der vielen möglichen Alternativen.

Das Dressing sollte eine Balance aus süßer Fettigkeit (von Ölen und Nüssen), Säure (Zitronen) und einem Hauch von Gewürzen (Ingwer, Kakao, Zimt, Kardamom, Kurkuma, Maca, und selbst Chili und Salz) bilden und eine eher cremige und keine flüssig-glatte Konsistenz bekommen.

Naturjoghurt ist der perfekte Kandidat. Ich verwende niemals aromatisierte Joghurts, da sie meist viel zu viel Zucker enthalten, sondern füge das Aroma selbst zu. Ich habe schon versucht, eigene Alternativen zu Joghurt zu finden. Es gibt inzwischen zahlreiche milchfreie Joghurts, von Sojajoghurt (gehört nicht zu meinen Favoriten – ich mag den Geschmack nicht, und außerdem ist Soja kritisch zu sehen) bis zu Kokosjoghurt. Als Sahneersatz lässt sich Hafer- oder Mandelsahne verwenden. Oder Sie bereiten Ihre eigene Variante zu (s. Seite 29).

Haben Sie bereits Porridge oder eingeweichte Haferflocken in der Frühstücksschale, dann brauchen Sie keine zusätzliche Flüssigkeit zuzugeben.

Im Kapitel mit den herzhaften Rezepten runde ich mein Frühstück meist mit einem Tropfen Öl ab, doch manchmal wage ich auch flippige Varianten mit Hummus und Avocadopüree (s. Seite 27).

Bananen-Zitronen-Püree

Dieses Püree ist eine ungewöhnliche Rohkost-Alternative zum klassischen Joghurt. Ich mag sie sehr. Es ist eine echte Nährstoffbombe.

Dazu 1 Banane mit dem Saft von ½ Zitrone zerdrücken. Nach Belieben noch mit 1 TL gemahlener Gewürze wie Ingwer oder Kurkuma aufpeppen, dann bekommt das Püree den richtigen Kick. Der Zitronensaft kann ducrh Orangen- oder Grapefruitsaft ersetzt werden. Möglichst keine zu süßen Säfte verwenden, da die Banane bereits sehr süß ist. Ich verwende gelegentlich Mandel- oder Kokosmilch.

Avocadopüree

Meine Variation einer Guacamole, hervorragend geeignet für herzhafte Frühstücksschalen, ist eine weitere Alternative zum Joghurt. Das Püree kann als cremiges „Dressing" verwendet werden, doch im Gegensatz zur Guacamole hat es keinen zusätzlichen Geschmack durch Knoblauch, Zwiebel, Chili oder Salz.

Für das Püree 1 reife Avocado mit dem Saft von ½ Zitrone zerdrücken. Statt Zitronensaft kann auch Orangen- oder Apfelsaft verwendet werden. Für ein würziges Aroma 1 TL gemahlene Gewürze wie Ingwer, Kurkuma oder sogar Kakaopulver (das beim süßen Frühstück gut zum Orangensaft passt) zufügen. Soll es noch süßer werden, dann noch 1 EL Honig (möglichst roh) zugeben.

Nussjoghurt und Nusssahne

Schon lange habe ich nach einer Rohkost-Alternative zu Milchprodukten gesucht. Kokosjoghurt aus dem Supermarkt ist lecker, aber dann habe ich die ultimative Lösung gefunden: Es scheint, als seien Nüsse und Kerne die perfekte Roheiweiß-Alternative zu Milchprodukten. Einfach 1 Tasse Nüsse oder Kerne, 1 Tasse Wasser und einige Spritzer Zitronensaft im Standmixer mischen, und fertig ist der Joghurtersatz. Die Nüsse lassen sich besser unterarbeiten, wenn sie über Nacht in Wasser eingeweicht wurden. Cashewkerne machen das Ganze besonders cremig – sie sorgen für eine süße und ölige Konsistenz. Einfach perfekt!

Soll der selbst gemachte Joghurt noch aromatisiert werden, dann 1 Handvoll frischer Früchte und eventuell 1 TL Honig (möglichst roh) mit in den Standmixer geben. Mit Blaubeeren, Erdbeeren, Ananas, Mango, Feigen, Aprikosen und Nektarinen habe ich wunderbare Ergebnisse erzielt.

Sie können auch kreativ werden und eine herrlich sämige „Sahne" zubereiten, wenn Sie den Zitronensaft durch Gewürze und Honig ersetzen. Im Standmixer 1 Tasse Nüsse oder Kerne, 1 Tasse Wasser, 1 TL Gewürze (beispielsweise Kakaopulver, gemahlener Ingwer, gemahlener Zimt, Lavendel oder Vanilleextrakt) und 1 TL Honig (möglichst roh) pürieren.

Das gute Frühstück

In den vergangenen zwei Jahren habe ich die Grenzen eines guten Frühstücks am Morgen ausgetestet. Wie erwartet, musste ich vielen meiner Experimente wegen der schlechten Geschmackskombinationen oder der falsch eingeschätzten Mengen ein klares Nein erteilen. Ich bin wirklich froh, dass ich diese Recherche auf mich genommen habe, denn ich habe dabei großartige Entdeckungen gemacht und neue Wege gefunden, um mich selbst zu verwöhnen. Ich mag inzwischen Gemüse noch lieber als früher, doch die wirkliche Offenbarung war meine Liebe zu Früchten. Sauer, süß, gehaltvoll, cremig, lecker, leuchtend, frisch und nährstoffreich – Früchte sind das ultimative Geschenk der Natur, die absolut perfekten Nahrungsmittel.

Mein Hunger auf Zucker hat allmählich nachgelassen, und inzwischen bin ich eher versessen auf natürliche Süße und weniger auf raffinierten weißen Zucker – und dieses Verlangen lässt sich viel besser in den Griff bekommen und macht zudem nicht so schnell dick. Wobei ich nicht sagen will, dass Sie durch meine Frühstücke Gewicht verlieren – das kann ich Ihnen nicht versprechen –, schließlich habe ich diese Reise nicht angetreten, um abzunehmen, und ich habe auch keine Waage mehr im Badezimmer stehen. Ich weiß jedoch, wie sehr ich jedes dieser Frühstücke genossen habe – die Texturen, Farben und Aromen – und wie nützlich es ist, selbst zu erkennen, was frühmorgens gut und was schlecht für den eigenen Körper ist. Ich weiß nun, wie ich die Zutaten möglichst naturbelassen, gesund und lecker zubereiten muss.

Ich bin überzeugt, dass ein gesunder Start bei uns selbst beginnt, durch die Art, wie wir fühlen und wir unsere Nahrung erleben. Haltung ist alles. Im Gegenzug heben die Nährstoffe im Essen unsere Stimmung und unser Wohlbefinden. Wenn wir also glückliches, schönes, gesundes und nährstoffreiches Essen zu uns nehmen, ist die Wahrscheinlichkeit größer, dass wir uns glücklich, gesund, großartig und zufrieden fühlen; unsere Stimmung hebt sich und wir blühen auf.

Ich fühle mich heute gut ernährt und genährt. Das war früher nicht der Fall, als ich noch Backwaren und süße Sachen zum Frühstück aß; regelmäßig schoss mein Blutzuckerspiegel nach oben, und ich musste den ganzen Tag über meinen Drang nach Süßem befriedigen, von morgens bis spätabends. Während ich mich der Herausforderung des Frühstücks stellte, begann ich auch, mich mehr zu bewegen; ich fuhr vor allem viel Rad. Die Entwöhnung von weißem Zucker ließ mich aktiver werden und weniger faul. Wie gesagt, Körper und Geist sind eng miteinander verbunden.

Ich schrieb *Frühstückspower*, um auch Sie zu inspirieren, sich auf die Reise zu begeben und eine bessere Ernährung und ein besseres Leben zu entdecken. Beginnen Sie mit der wichtigsten Mahlzeit des Tages.

Geben Sie auf sich acht.

Süß

Erdbeeren, Apfel, Chiasamen & Mohnsamen

ZUTATEN

½ TL Chiasamen, *über Nacht in ⅓ Tasse Mandelmilch eingeweicht*

1 Handvoll Erdbeeren, *geputzt und halbiert*

1 Apfel, *klein geschnitten*

1 TL Mohnsamen

Vegetarische Variante

Die eingeweichten Chiasamen durch ein klassisches Milch-Porridge ersetzen.

Aprikosen, Blaubeeren, Haferflocken & Sesamsamen

ZUTATEN

⅓ Tasse Haferflocken (in Rohkostqualität), über Nacht in
⅓ Tasse Mandelmilch eingeweicht
2 Aprikosen, klein geschnitten
1 Handvoll Blaubeeren
1 EL Sesamsamen

HERZHAFTE VEGETARISCHE VARIANTE

30 g Ziegenkäse hinzugeben und die eingeweichten Haferflocken durch (Wasser-)Porridge ersetzen.

Erdbeeren, Passionsfrucht, Getreideflocken & Cashewkerne

ZUTATEN

1 Handvoll glutenfreie Getreideflocken

1 Handvoll Erdbeeren, geputzt und halbiert

⅓ Tasse Cashewjoghurt, mit Erdbeeren aromatisiert (s. Seite 29)

1 Handvoll Cashewkerne

Kerne von 1 Passionsfrucht

Vegetarische Variante

Den Cashewjoghurt durch Erdbeer-Milchjoghurt ersetzen.

VEGETARISCH

Kirschen, Nektarine, Porridge & Hanfsamen

ZUTATEN

⅓ Tasse Porridge, mit Reismilch zubereitet (s. Seite 16)
1 Nektarine, in Spalten geschnitten
1 Handvoll Kirschen, entkernt und halbiert
2 EL Naturjoghurt
1 EL geschälte Hanfsamen

VEGANE VARIANTE
Den Naturjoghurt durch Kokosjoghurt oder Cashewjoghurt (s. Seite 29) ersetzen.

VEGETARISCH

Erdbeeren, Ananas, Buchweizen & Joghurt

ZUTATEN

⅓ Tasse Naturjoghurt
1 kleines Stück Ananas, gewürfelt
1 Handvoll Erdbeeren, geputzt und halbiert
50 g Buchweizen, gegart
1 EL Kürbiskerne
1 Handvoll frische Minzblätter, klein gezupft

VEGANE VARIANTE
Den Naturjoghurt durch Mandelsahne (s. Seite 29) oder Kokosmilch ersetzen.

Kirschen, Banane, Buchweizen-Porridge & Mandeln

ZUTATEN

⅓ Tasse Buchweizen-Porridge, *mit Mandelmilch zubereitet (s. Seite 16)*

1 Banane, *in Scheiben geschnitten*

1 Handvoll Kirschen, *entkernt und halbiert*

2 EL Mandeln

VEGETARISCHE VARIANTE

Die Mandelmilch durch Milch ersetzen.

Erdbeeren, Banane, Cornflakes & Haselnüsse

ZUTATEN

1 Handvoll Cornflakes
1 Handvoll Erdbeeren, geputzt und klein geschnitten
1 Banane, in Scheiben geschnitten
1 Handvoll Haselnüsse
⅓ Tasse Milch

VEGANE VARIANTE
Die Milch durch Mandelmilch ersetzen.

ROHKOST

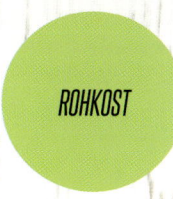

Kiwi, Erdbeeren, Haferflocken & Mandeln

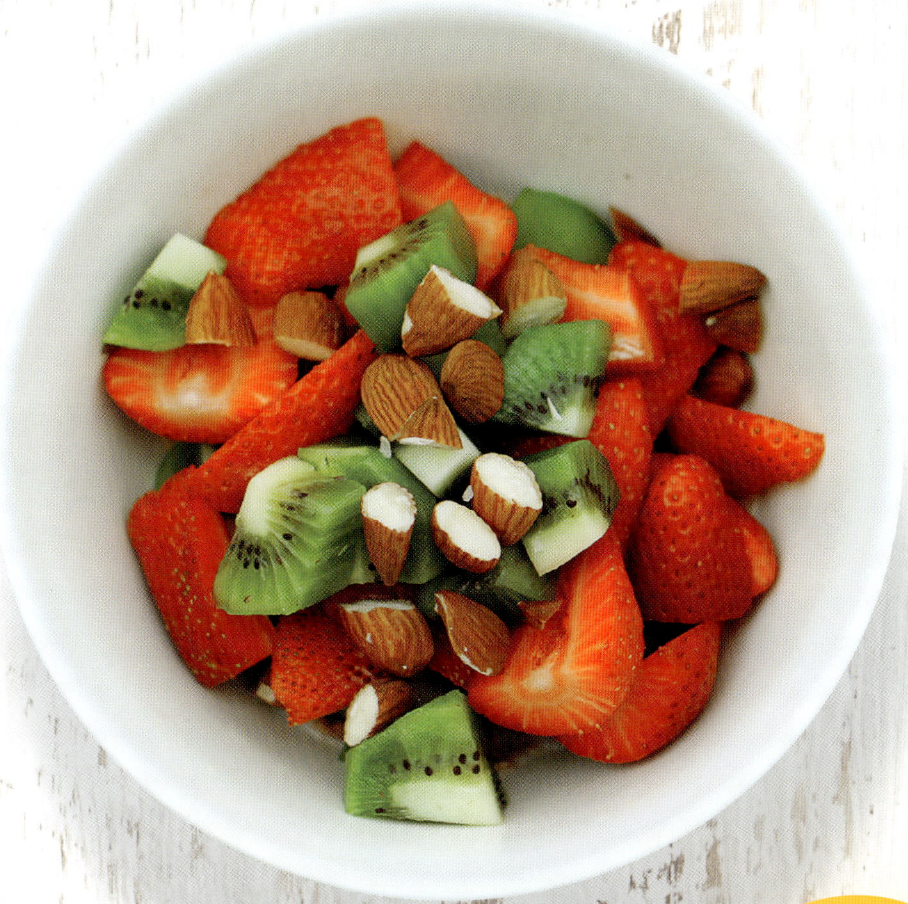

ZUTATEN

1/3 Tasse Haferflocken (in Rohkostqualität), über Nacht in 1/3 Tasse Apfelsaft eingeweicht
1 Handvoll Erdbeeren, geputzt und halbiert
1 Kiwi, klein geschnitten
1 1/2 EL Mandeln, grob gehackt

VEGETARISCHE VARIANTE
Zusätzlich 1/3 Tasse Naturjoghurt zufügen.

Himbeeren, Aprikosen, Quinoa-Porridge & Cashewkerne

ZUTATEN

⅓ Tasse Quinoa-Porridge, *mit Mandelmilch zubereitet*
    (s. Seite 16)
2 kleine Aprikosen, klein geschnitten
1 Handvoll Himbeeren
1 Handvoll Cashewkerne

HERZHAFTE VEGETARISCHE VARIANTE

Die Cashewkerne durch 50 g Ziegenkäse oder Ricotta ersetzen.

Nektarine, Erdbeeren, Banane & Haselnüsse

ZUTATEN

Bananen-Zitronen-Püree (s. Seite 26)
1 Nektarine, klein geschnitten
1 Handvoll Erdbeeren, geputzt und halbiert
1 Handvoll Haselnüsse, in der Küchenmaschine fein
  gemahlen

VEGETARISCHE VARIANTE
Noch 2 EL Crème fraîche zugeben.

ROHKOST

Erdbeeren, Birne, Haferflocken & Pistazien

ZUTATEN

⅓ Tasse Haferflocken (in Rohkostqualität), über Nacht in
⅓ Tasse Mandelmilch eingeweicht

1 kleine Birne, klein geschnitten

1 Handvoll Erdbeeren, geputzt und halbiert

1 Handvoll Pistazien

1 Apfel, klein geschnitten

essbare Stiefmütterchenblüten (nach Belieben)

VEGETARISCHE VARIANTE

Die Mandelmilch durch Milch ersetzen.

Johannisbeeren, Clementine, Vollkornflocken & Walnüsse

ZUTATEN

⅓ Tasse Vollkornflocken

2 EL Naturjoghurt

1 Clementine, in Spalten geteilt

1 Handvoll schwarze Johannisbeeren

1 Handvoll Walnüsse, gehackt

1 EL Gojibeeren, einige Minuten in Wasser eingeweicht

VEGANE VARIANTE

Den Naturjoghurt durch Mandelsahne (s. Seite 29) oder Kokosjoghurt ersetzen.

Blaubeeren, Erdbeeren, Getreideflocken & Hanfsamen

ZUTATEN

½ Tasse glutenfreie Getreideflocken
⅓ Tasse Mandelmilch
1 Handvoll Erdbeeren, geputzt und klein geschnitten
1 Handvoll Blaubeeren
1 EL geschälte Hanfsamen

VEGETARISCHE VARIANTE
Die Mandelmilch durch Milch oder Naturjoghurt ersetzen.

VEGAN

Erdbeeren, Kirschen, Haferflocken & Pinienkerne

ZUTATEN

2 EL Haferflocken, über Nacht in 2 EL Kokosmilch
  eingeweicht
1 Handvoll Kirschen, entkernt und halbiert
1 Handvoll Erdbeeren, geputzt und halbiert
2 EL Pinienkerne

**VEGETARISCHE
VARIANTE**
*Die Kokosmilch durch
Naturjoghurt ersetzen.*

VEGAN

Kirschen, Grapefruit, Vollkornflocken & Pistazien

ZUTATEN

⅓ Tasse Vollkornflocken

1 Handvoll Kirschen, entkernt und halbiert

½ rote Grapefruit, filetiert und in Spalten geschnitten, mit Saft

2 EL Pistazien

VEGETARISCHE VARIANTE

Zusätzlich 2 EL Sahne oder Naturjoghurt zufügen.

Erdbeeren, Aprikosen, Couscous & Pinien-kerne

ZUTATEN

50 g Couscous, gegart
2 kleine Aprikosen, klein geschnitten
1 Handvoll Erdbeeren, geputzt und halbiert
1 EL Pinienkerne
1 Handvoll frische Minzblätter
1 essbare Ringelblumenblüte (nach Belieben)

HERZHAFTE VARIANTE MIT FLEISCH

30 g Parmaschinken oder Räucherschinken zugeben.

49

VEGAN

Kirschen, Himbeeren, Quinoa & Sesamsamen

ZUTATEN

⅓ Tasse Quinoa-Knuspermüsli
1 Handvoll Kirschen, entkernt und halbiert
1 Handvoll Himbeeren
1 EL schwarze Sesamsamen
⅓ Tasse Mandelsahne (s. Seite 29)
1 TL Mandelblättchen

VEGETARISCHE VARIANTE
Die Mandelsahne durch Sahne oder Milch ersetzen.

Kirschen, Aprikosen, Getreideflocken & Chiasamen

ZUTATEN

1 EL glutenfreie Getreideflocken
2 EL Mandelmilch
1 Handvoll Kirschen, entkernt und halbiert
2 Aprikosen, klein geschnitten
1 TL Chiasamen

VEGETARISCHE VARIANTE
Die Mandelmilch durch Naturjoghurt ersetzen.

VEGAN

Himbeeren, Nektarine, Porridge & Sesamsamen

ZUTATEN

⅓ Tasse Amarant-Porridge, *mit Wasser zubereitet*
  (s. Seite 16)
1 Nektarine, *klein geschnitten*
1 Handvoll Himbeeren
1 TL *schwarze Sesamsamen*

HERZHAFTE VARIANTE MIT FLEISCH
30 g Coppa oder Bresaola zufügen.

VEGETARISCH

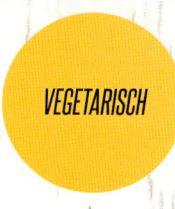

Aprikosen, Nektarine, Haferflocken & Hanfsamen

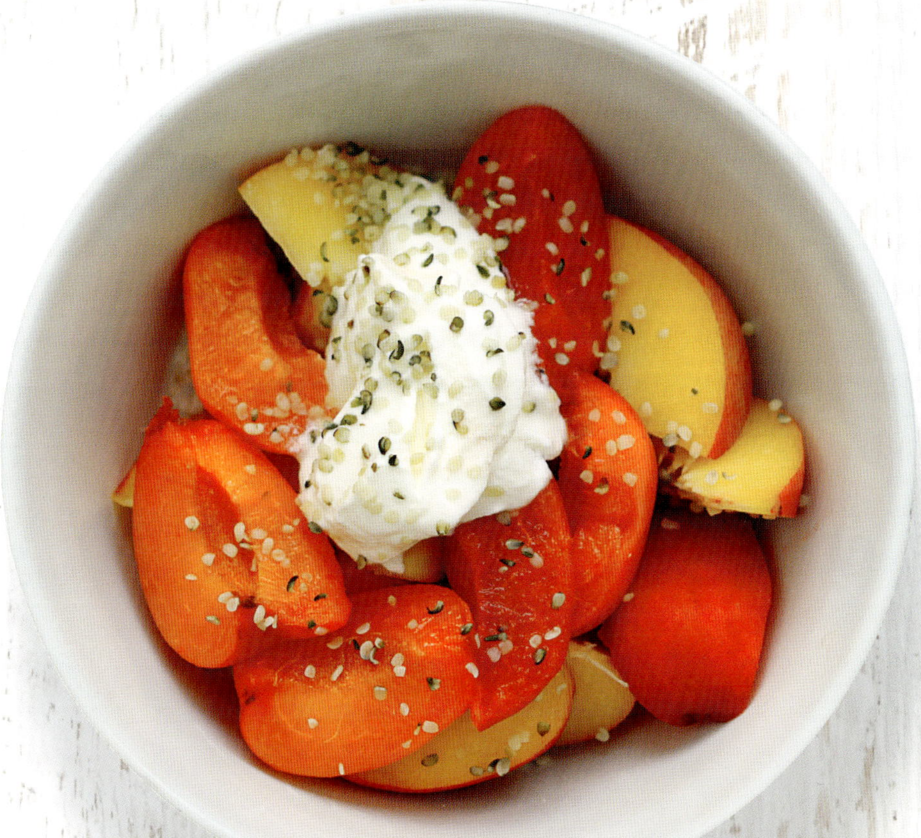

ZUTATEN

1 EL Haferflocken, über Nacht in 3 EL Naturjoghurt eingeweicht
2 Aprikosen, klein geschnitten
1 Nektarine, klein geschnitten
1 EL Naturjoghurt
1 EL geschälte Hanfsamen

ROHKOST-VARIANTE
Den Naturjoghurt durch Cashewsahne *(s. Seite 29)* *ersetzen.*

VEGETARISCH

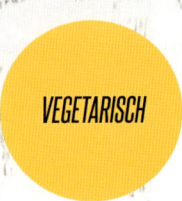

Himbeeren, Johannisbeeren, Roggenbrot & Pistazien

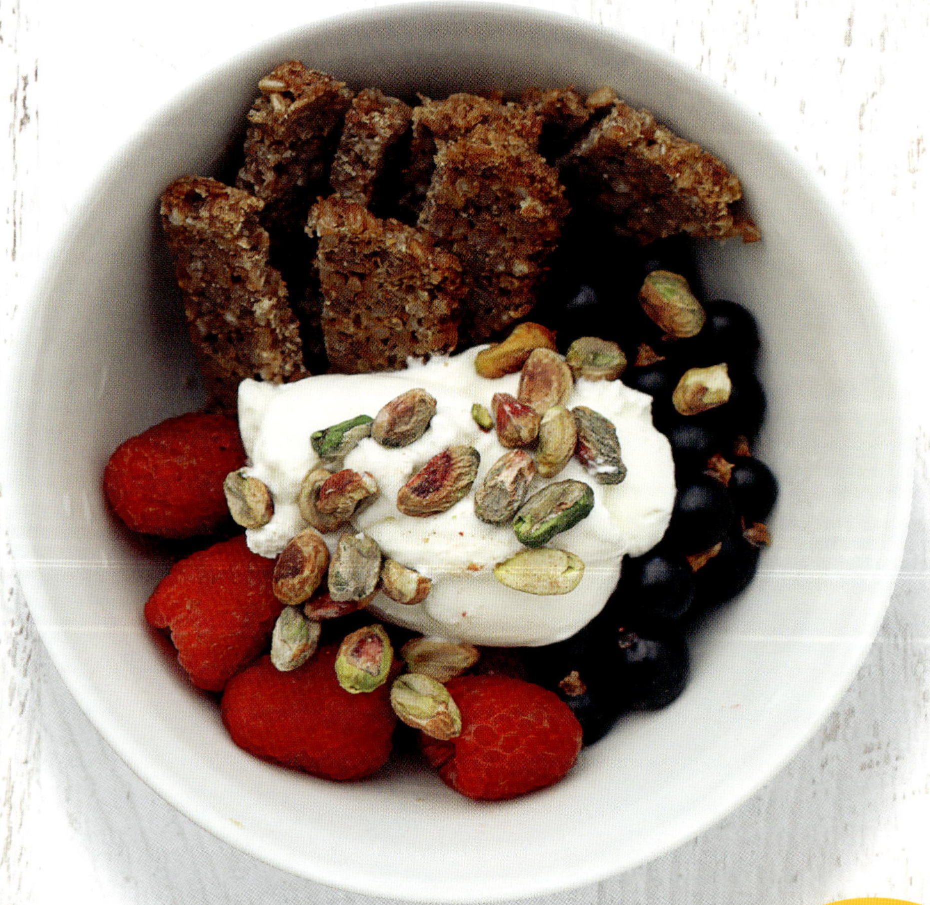

ZUTATEN

1 Scheibe Roggenbrot, in Streifen geschnitten
1 Handvoll Himbeeren
1 Handvoll schwarze Johannisbeeren
2 EL Naturjoghurt
1 EL Pistazien

HERZHAFTE VEGETARISCHE VARIANTE

Den Naturjoghurt durch Hüttenkäse, Ricotta oder Ziegenkäse ersetzen.

Johannisbeeren, Kiwi, Cornflakes & Hanfsamen

ZUTATEN

⅓ Tasse Cornflakes
⅓ Tasse Mandelmilch
1 Handvoll schwarze Johannisbeeren
1 Kiwi, klein geschnitten
1 EL geschälte Hanfsamen

VEGETARISCHE VARIANTE
Die Mandelmilch durch Milch ersetzen.

VEGETARISCH

Mango, Himbeeren, Getreideflocken & Joghurt

ZUTATEN

⅓ Tasse Getreideflocken
1 Handvoll Himbeeren
⅓ Mango, klein geschnitten
2 EL Naturjoghurt
1 TL Mohnsamen

VEGANE VARIANTE
Den Naturjoghurt durch Kokosjoghurt oder Cashewsahne (s. Seite 29) ersetzen.

Johannisbeeren, Papaya, Roggenbrot & Cashewkerne

ZUTATEN

½ Papaya, entkernt und klein geschnitten
1 Handvoll schwarze Johannisbeeren
1 Scheibe Roggenbrot, in Streifen geschnitten
⅓ Tasse Kokosjoghurt
2 EL Cashewkerne

ROHKOST-VARIANTE
Den Joghurt durch Cashewjoghurt (s. Seite 29) und das Brot durch eingeweichte Haferflocken ersetzen.

VEGAN

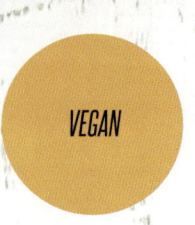

Himbeeren, Apfel, Cornflakes & Pistazien

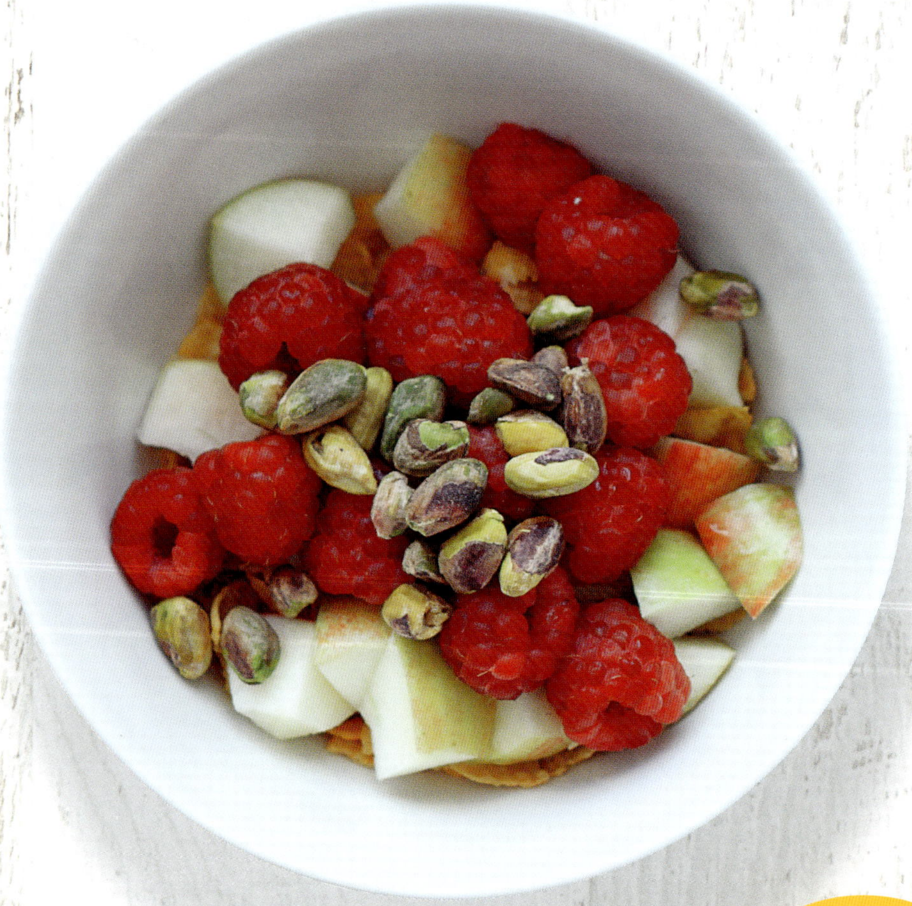

ZUTATEN

⅓ Tasse Cornflakes
Bananen-Zitronen-Püree (s. Seite 26)
1 kleiner Apfel, klein geschnitten
1 Handvoll Himbeeren
1 EL Pistazien

VEGETARISCHE VARIANTE
Noch 1 EL Naturjoghurt zugeben.

Blaubeeren, Wasser-melone, Vollkorn-flocken & Pistazien

ZUTATEN

⅓ Tasse Vollkornflocken

1 kleines Stück Wassermelone, entkernt und klein geschnitten

1 Handvoll Blaubeeren

⅓ Tasse Hafer-Porridge, mit Mandelmilch zubereitet
  (s. Seite 16)

1 EL Pistazien

HERZHAFTE VEGETARISCHE VARIANTE
Die Mandelmilch durch Wasser ersetzen und zusätzlich 30 g Fetakäse zugeben.

Papaya, Ananas, Quinoa & Kürbiskerne

ZUTATEN

⅓ Tasse Quinoa-Knuspermüsli

½ Papaya, entkernt und klein geschnitten

1 kleines Stück Ananas, klein geschnitten

2 EL Hanf-Sauerrahm (angerührt aus 2 EL geschälten
   Hanfsamen, 1 EL Zitronensaft und 1 EL Wasser)

1 EL Kürbiskerne

VEGETARISCHE VARIANTE

Den Hanf-Sauerrahm durch Naturjoghurt ersetzen.

VEGETARISCH

Grapefruit, Papaya, Couscous & Pistazien

ZUTATEN

50 g Couscous, gegart
½ Papaya, entkernt und klein geschnitten
½ weiße Grapefruit, filetiert und klein geschnitten
1 EL Pistazien
1 TL getrocknete Rosenblüten
1 TL Blütenpollen

VEGANE VARIANTE
Noch 1 EL Kokosjoghurt zufügen und die Blütenpollen weglassen.

Johannisbeeren, Melone, Haferflocken & Hanfsamen

ZUTATEN

⅓ Tasse Haferflocken (in Rohkostqualität), über Nacht in ⅓ Tasse Mandelmilch und 1 EL Mandelbutter einge-weicht

1 Stück Cantaloupe-Melone, klein geschnitten

1 Handvoll schwarze Johannisbeeren

1 EL geschälte Hanfsamen

VEGETARISCHE VARIANTE

Zusätzlich 2 EL Crème fraîche zugeben.

Ananas, Blaubeeren, Getreideflocken & Pistazien

ZUTATEN

⅓ Tasse glutenfreie Getreideflocken
1 kleines Stück Ananas, gewürfelt
1 Handvoll Blaubeeren
2 EL Naturjoghurt
1 EL Pistazien

VEGANE VARIANTE

Den Naturjoghurt durch das Bananen-Zitronen-Püree (s. Seite 26) ersetzen.

VEGETARISCH

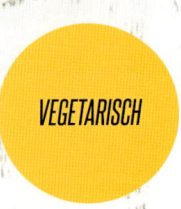

Melone, Aprikose, Vollkornflocken & Chiasamen

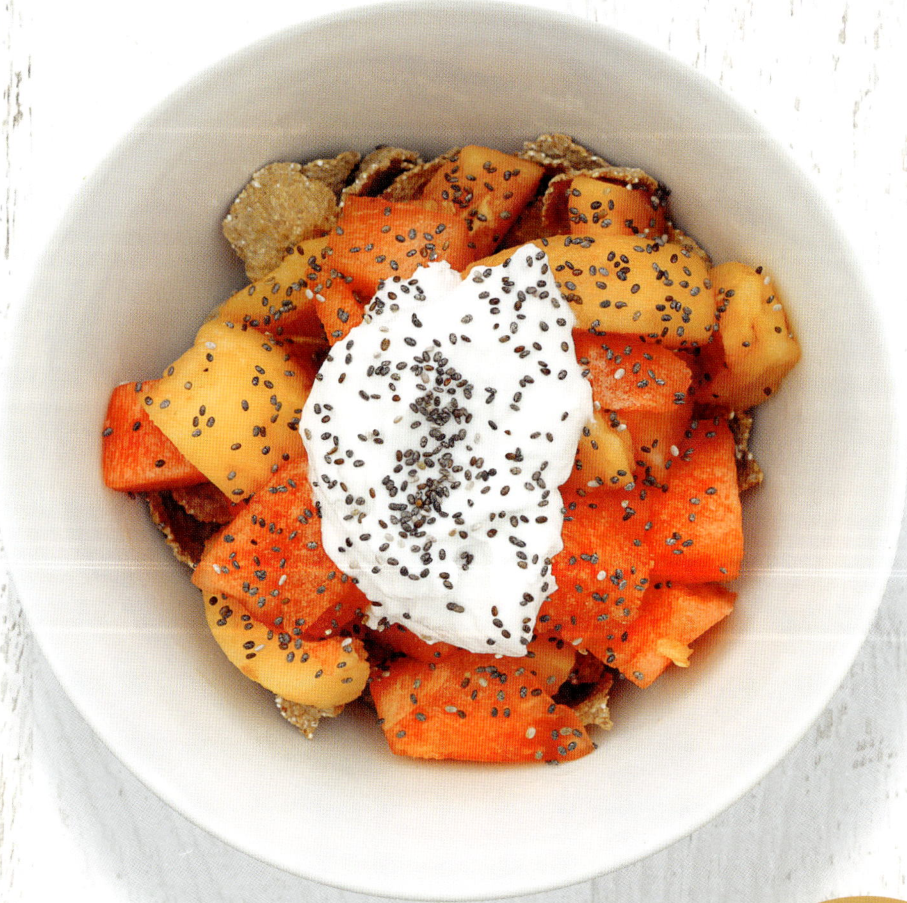

ZUTATEN

- ⅓ Tasse Vollkornflocken
- 1 kleines Stück Wassermelone, entkernt und klein geschnitten
- 1 Aprikose, klein geschnitten
- 2 EL Naturjoghurt
- 1 TL Chiasamen

VEGANE VARIANTE

Den Naturjoghurt durch Cashewjoghurt (s. Seite 29) ersetzen.

VEGAN

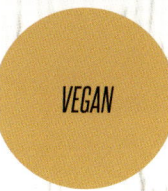

Erdbeeren, Melone, Cornflakes & Mohnsamen

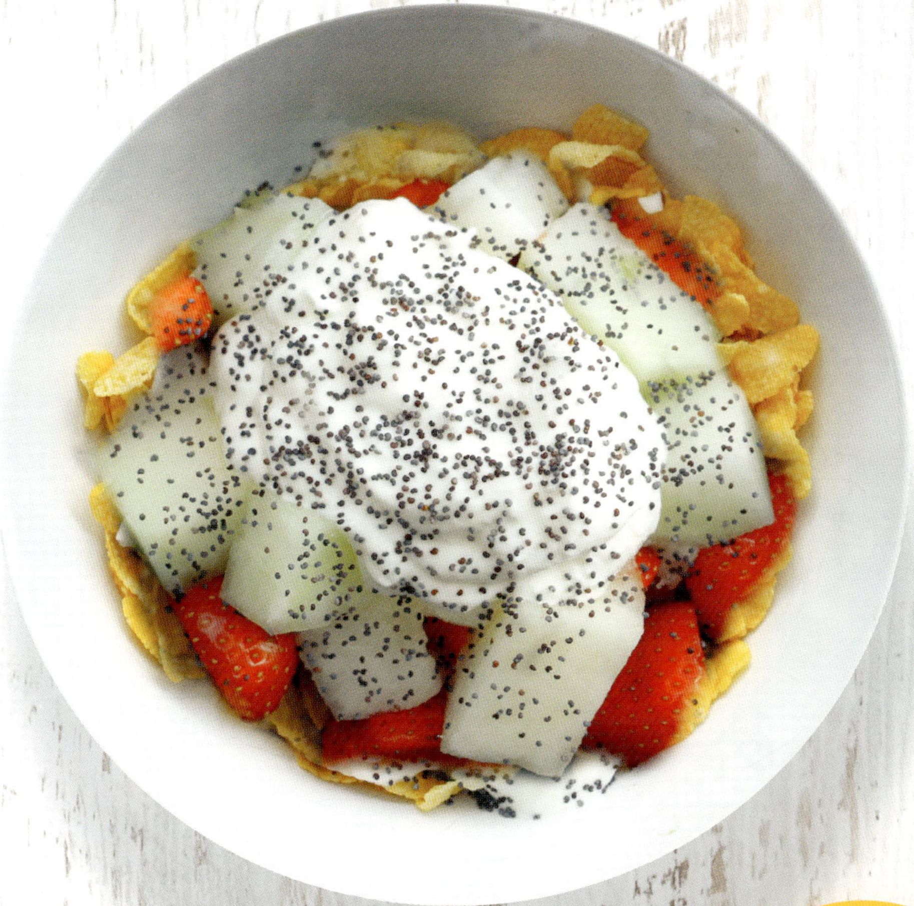

ZUTATEN

⅓ Tasse Cornflakes
1 Handvoll Erdbeeren, geputzt und klein geschnitten
1 Stück Galia-Melone, klein geschnitten
2 EL Cashewjoghurt (s. Seite 29)
1 TL Mohnsamen

VEGETARISCHE VARIANTE
Den Cashewjoghurt durch Naturjoghurt ersetzen.

Kiwi, Wassermelone, Reis-Granola & Kürbiskerne

ZUTATEN

1 Kiwi, klein geschnitten
1 kleines Stück Wassermelone, entkernt
* und klein geschnitten*
2 EL Puffreis-Granola
2 EL Mandelsahne (s. Seite 29)
1 TL Kürbiskerne

ROHKOST-VARIANTE

Das Granola durch 2 EL Haferflocken, in 2 EL Mandelmilch eingeweicht, ersetzen.

VEGETARISCH

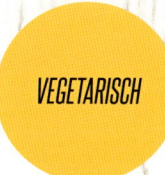

Feigen, Erdbeeren, Cornflakes & Pistazien

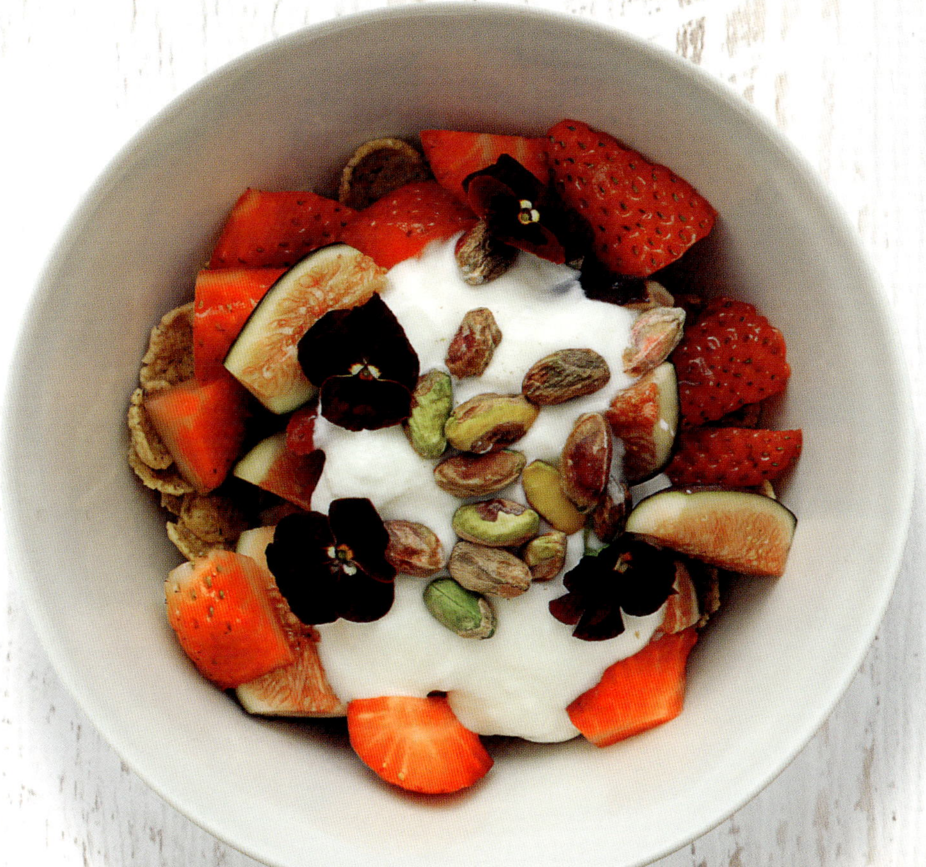

ZUTATEN

⅓ Tasse Cornflakes
2 Feigen, klein geschnitten
1 Handvoll Erdbeeren, klein geschnitten
2 EL Naturjoghurt
1 EL Pistazien
essbare Veilchenblüten (nach Belieben)

VEGANE VARIANTE

Den Naturjoghurt durch Cashewsahne *(s. Seite 29)* *ersetzen.*

Brombeeren, Aprikosen, Haferflocken & Leinsamen

ZUTATEN

⅓ Tasse Haferflocken (in Rohkostqualität), über Nacht in ⅓ Tasse Apfelsaft eingeweicht

1 Handvoll Brombeeren

3 kleine Aprikosen, klein geschnitten

1 TL Leinsamen

VEGETARISCHE VARIANTE

1 EL Crème fraîche zufügen.

Papaya, Pflaume, Quinoa-Porridge & Hanfsamen

ZUTATEN

⅓ Tasse Quinoa-Porridge, mit Wasser zubereitet (s. Seite 16)
½ Papaya, entkernt und klein geschnitten
1 Pflaume, klein geschnitten
1 EL geschälte Hanfsamen, fein gemahlen
1 Handvoll frische Minzblätter
1 EL Kakao-Nibs

ROHKOST-VARIANTE
Das Porridge durch ⅓ Tasse Haferflocken (in Rohkostqualität), über Nacht in ⅓ Tasse Apfelsaft eingeweicht, ersetzen.

ROHKOST

Melone, Haferflocken & Haselnüsse

ZUTATEN

¹⁄₃ Tasse Haferflocken (in Rohkostqualität), über Nacht
   in ¹⁄₃ Tasse Apfelsaft mit 1 TL gemahlenem Ingwer
   eingeweicht
1 kleines Stück Wassermelone, entkernt und klein geschnitten
1 Stück Galia-Melone, klein geschnitten
1 Handvoll Haselnüsse

**VEGETARISCHE
VARIANTE**
Zusätzlich 2 EL
Crème fraîche zufügen.

Brombeeren, Papaya, Porridge & Hanfsamen

ZUTATEN

⅓ Tasse Buchweizen-Porridge, mit Wasser und
   1 TL Kokosöl zubereitet (s. Seite 16)
½ Papaya, entkernt und klein geschnitten
1 Handvoll Brombeeren
1 EL geschälte Hanfsamen

**HERZHAFTE
VARIANTE MIT FLEISCH**
Zusätzlich 30 g
Parmaschinken zugeben.

Wassermelone, Trauben, Haferflocken & Hanfsamen

ZUTATEN

⅓ Tasse Haferflocken (in Rohkostqualität), über Nacht in ⅓ Tasse Mandelmilch mit 1 TL gemahlenem Zimt eingeweicht

1 kleine Wassermelone, entkernt und klein geschnitten

1 Handvoll rote Trauben

1 EL geschälte Hanfsamen

VEGETARISCHE VARIANTE
2 EL Crème fraîche zugeben.

Physalis, Apfel, Cornflakes & Haselnüsse

ZUTATEN

2 EL Cornflakes
½ Apfel, klein geschnitten
1 Handvoll Physalis
2 EL Mandelsahne (s. Seite 29)
1 EL Haselnüsse
essbare Veilchenblüten (nach Belieben)

VEGETARISCHE VARIANTE
Die Mandelsahne durch Sahne ersetzen.

Pflaume, Himbeeren, Getreideflocken & Pistazien

ZUTATEN

2 EL *glutenfreie Getreideflocken*
1 *Pflaume, klein geschnitten*
1 *Handvoll Himbeeren*
2 EL *Naturjoghurt*
1 EL *Pistazien*

VEGANE VARIANTE
Den Naturjoghurt durch Cashewjoghurt (s. Seite 29) ersetzen.

ROHKOST

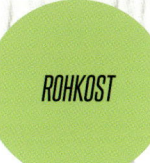

Kaki, Himbeeren, Haferflocken & Kürbiskerne

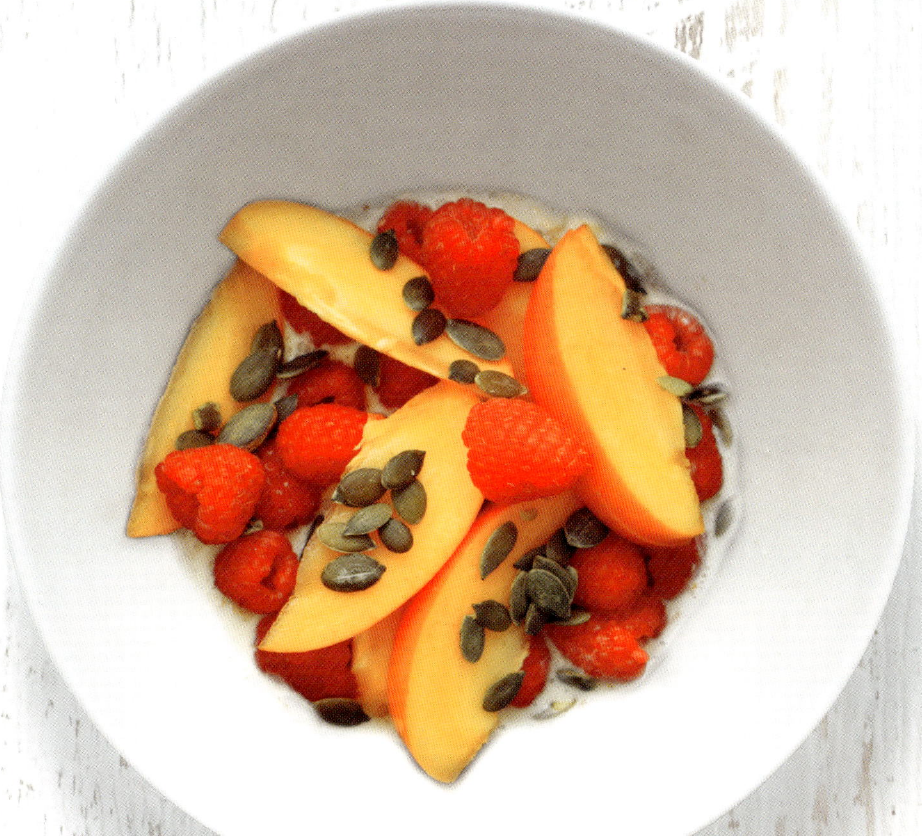

ZUTATEN

1/3 Tasse Haferflocken (in Rohkostqualität), über Nacht in 1/3 Tasse Mandelmilch eingeweicht
1 Handvoll Himbeeren
1 kleine Kaki, in Spalten geschnitten
1 EL Kürbiskerne

HERZHAFTE VARIANTE MIT FLEISCH

30 g geräucherte Chorizo oder Räucherschinken zugeben.

VEGAN

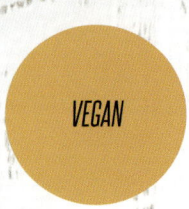

Melone, Brombeeren, Vollkornflocken & Cashewkerne

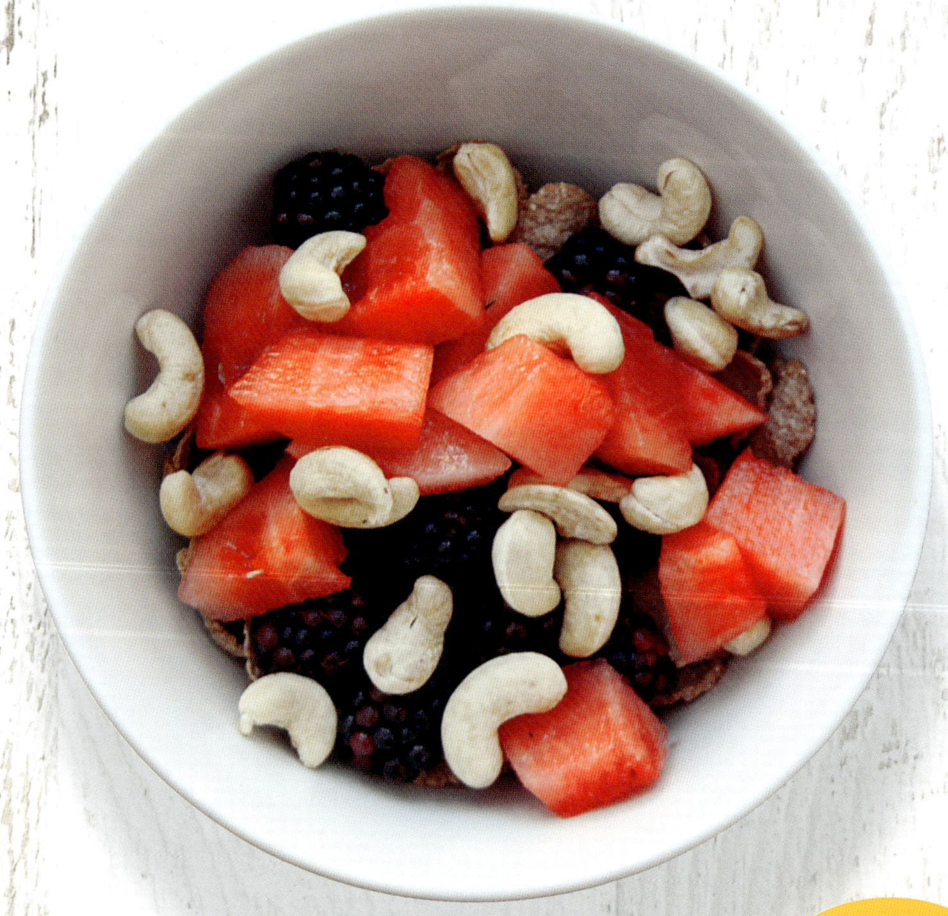

ZUTATEN

$^1/_3$ Tasse Vollkornflocken
1 Handvoll Brombeeren
1 Stück Wassermelone, entkernt und klein geschnitten, mit Saft
2 EL Cashewkerne

VEGETARISCHE VARIANTE
2 EL Crème fraîche zufügen.

Granatapfelkerne, Pflaumen, Vollkornflocken & Chiasamen

ZUTATEN

1 EL Vollkornflocken
2 Pflaumen, klein geschnitten
1 Handvoll Granatapfelkerne
2 EL Mandelsahne (s. Seite 29)
1 TL Chiasamen
1 Handvoll frischer Estragon

ROHKOST-VARIANTE

Die Vollkornflocken durch Haferflocken (in Rohkostqualität), über Nacht in Mandelsahne eingeweicht, ersetzen.

ROHKOST

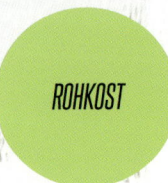

Brombeeren, Melone, Haferflocken & Chiasamen

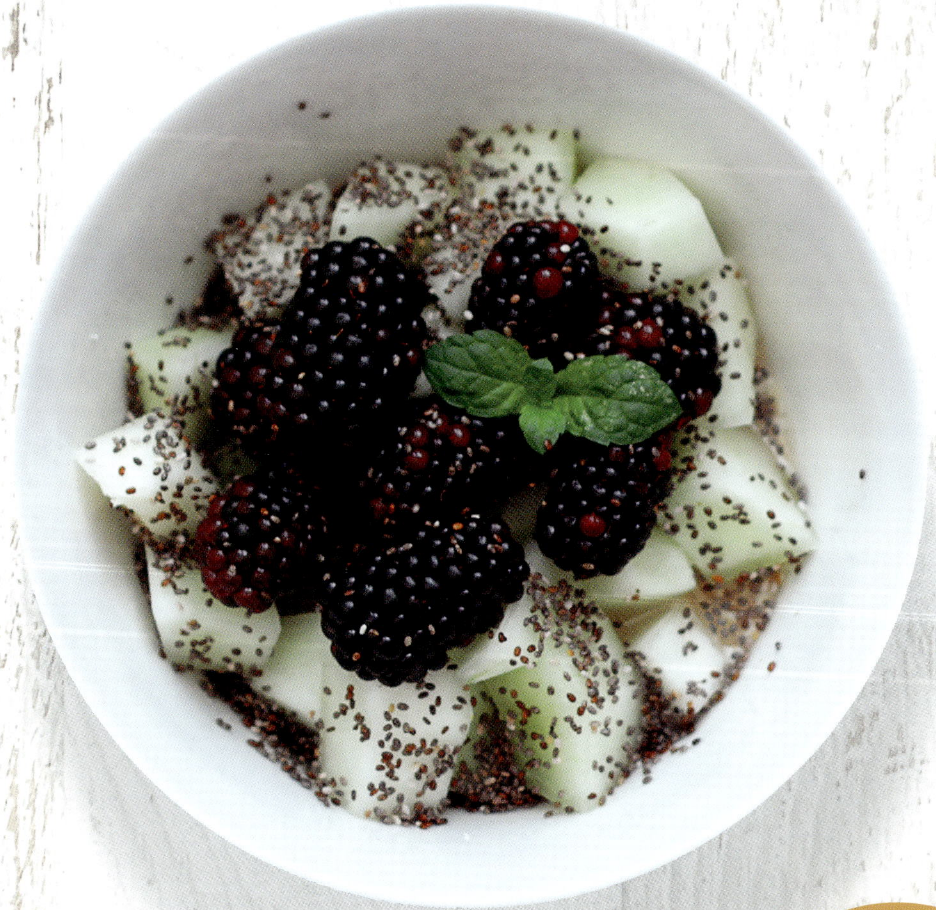

ZUTATEN

⅓ Tasse Haferflocken (in Rohkostqualität), über Nacht in ⅓ Tasse Apfelsaft eingeweicht
1 Handvoll Brombeeren
1 Stück Galia-Melone, entkernt und klein geschnitten
1 TL Chiasamen
einige frische Minzblätter

VEGANE VARIANTE

1 EL geröstete Mandelblättchen hinzugeben.

Granatapfelkerne, Trauben, Quinoa & Kokosjoghurt

ZUTATEN

2 EL *Quinoa-Knuspermüsli*
1 *Handvoll rote Trauben*
2 EL *Granatapfelkerne*
2 EL *Kokosjoghurt*
1 *Handvoll frische Minzblätter*

VEGETARISCHE VARIANTE

Den Kokosjoghurt durch Naturjoghurt ersetzen.

VEGETARISCH

Physalis, Pflaume, Getreideflocken & Pistazien

ZUTATEN

⅓ Tasse glutenfreie Getreideflocken
1 Handvoll Physalis
1 Pflaume, klein geschnitten
2 EL Naturjoghurt
1 EL Pistazien

VEGANE VARIANTE

Den Naturjoghurt durch Hafersahne oder Cashewjoghurt (s. Seite 29) ersetzen.

VEGAN

Wassermelone, Pflaume, Cornflakes & Chiasamen

ZUTATEN

⅓ Tasse Cornflakes

1 kleines Stück Wassermelone, entkernt und
   klein geschnitten

1 Pflaume, klein geschnitten

2 EL Cashewjoghurt (s. Seite 29)

1 TL Chiasamen

VEGETARISCHE VARIANTE

*Cashewjoghurt durch
Sahne ersetzen.*

VEGETARISCH

Feigen, Himbeeren, Vollkornflocken & Joghurt

ZUTATEN

⅓ Tasse Vollkornflocken
2 Feigen, klein geschnitten
1 Handvoll Himbeeren
2 EL Naturjoghurt

HERZHAFTE VEGETARISCHE VARIANTE
Den Naturjoghurt durch Hüttenkäse und die Vollkornflocken durch Roggenbrot ersetzen.

Brombeeren, Pflaume, Haferflocken & Mandeln

ZUTATEN

¹/₃ Tasse Haferflocken (in Rohkostqualität), über Nacht in
  ¹/₃ Tasse Orangensaft eingeweicht
1 Handvoll Brombeeren
1 Pflaume, klein geschnitten
2 EL Cashewjoghurt (s. Seite 29)
2 EL Mandeln, über Nacht in Wasser eingeweicht

VEGETARISCHE VARIANTE

Cashewjoghurt durch Naturjoghurt ersetzen.

Brombeeren, Nektarine, Vollkornflocken & Walnüsse

ZUTATEN

⅓ Tasse Vollkornflocken
2 EL Milch
1 Nektarine, klein geschnitten
1 Handvoll Brombeeren
1 Handvoll Walnüsse

VEGANE VARIANTE
Die Milch durch Kokosmilch ersetzen.

Feigen, Apfel, Haferflocken & Kürbiskerne

ZUTATEN

⅓ Tasse Haferflocken, über Nacht in ⅓ Tasse Apfelsaft
  mit 1 TL gemahlenem Ingwer eingeweicht
2 Feigen, klein geschnitten
½ Apfel, in Spalten geschnitten
2 EL Quinoa-Knuspermüsli
1 TL Kokosraspel
1 TL Kürbiskerne

VEGETARISCHE VARIANTE
Die eingeweichten Haferflocken durch ⅓ Tasse Porridge, mit Milch zubereitet (s. Seite 16), ersetzen.

VEGETARISCH

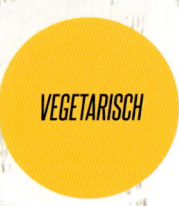

Granatapfelkerne, Melone, Cornflakes & Joghurt

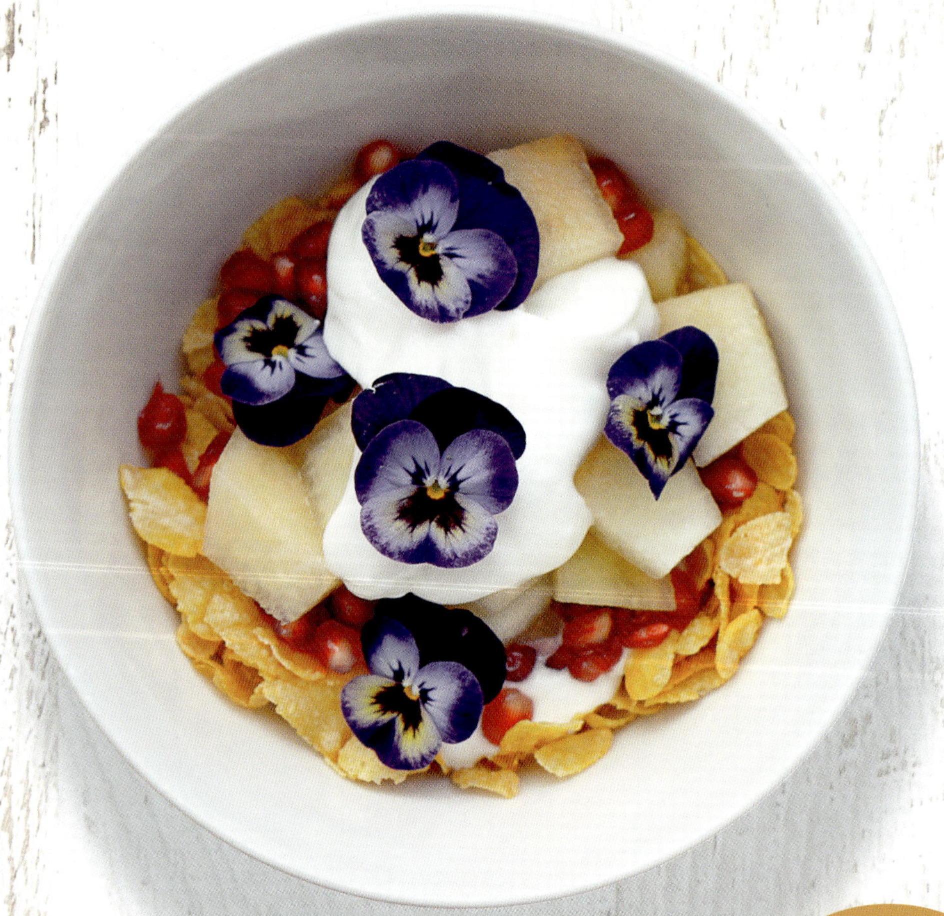

ZUTATEN

1 Stück Honigmelone, klein geschnitten
2 EL Granatapfelkerne
⅓ Tasse Cornflakes
2 EL Naturjoghurt
essbare Veilchenblüten (nach Belieben)

VEGANE VARIANTE

Den Naturjoghurt durch Mandelsahne (s. Seite 29) oder Hafersahne ersetzen.

Feigen, Granatapfel-kerne, Haferflocken & Hanfsamen

ZUTATEN

*⅓ Tasse Haferflocken (in Rohkostqualität), über Nacht in
⅓ Tasse Mandelsahne (s. Seite 29) eingeweicht
2 EL Granatapfelkerne
2 Feigen, klein geschnitten
1 EL geschälte Hanfsamen*

VEGANE VARIANTE

Die Mandelsahne durch Soja-, Hafer- oder Kokosmilch ersetzen.

VEGETARISCH

Apfel, Kokosnuss, Porridge & Chiasamen

ZUTATEN

⅓ Tasse Porridge, mit Mandelmilch (s. Seite 16) und 1 TL
   gemahlenem Zimt zubereitet

1 kleiner Apfel, in lange Bänder geschnitten

Fruchtfleisch von ¼ frischer Kokosnuss, klein geschnitten

1 TL Chiasamen

½ TL Blütenpollen

VEGANE VARIANTE

Die Blütenpollen
durch 2 EL Kokos-
joghurt ersetzen.

VEGETARISCH

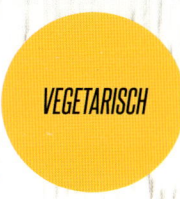

Kokosnuss, Banane, Haferflocken & Schokolade

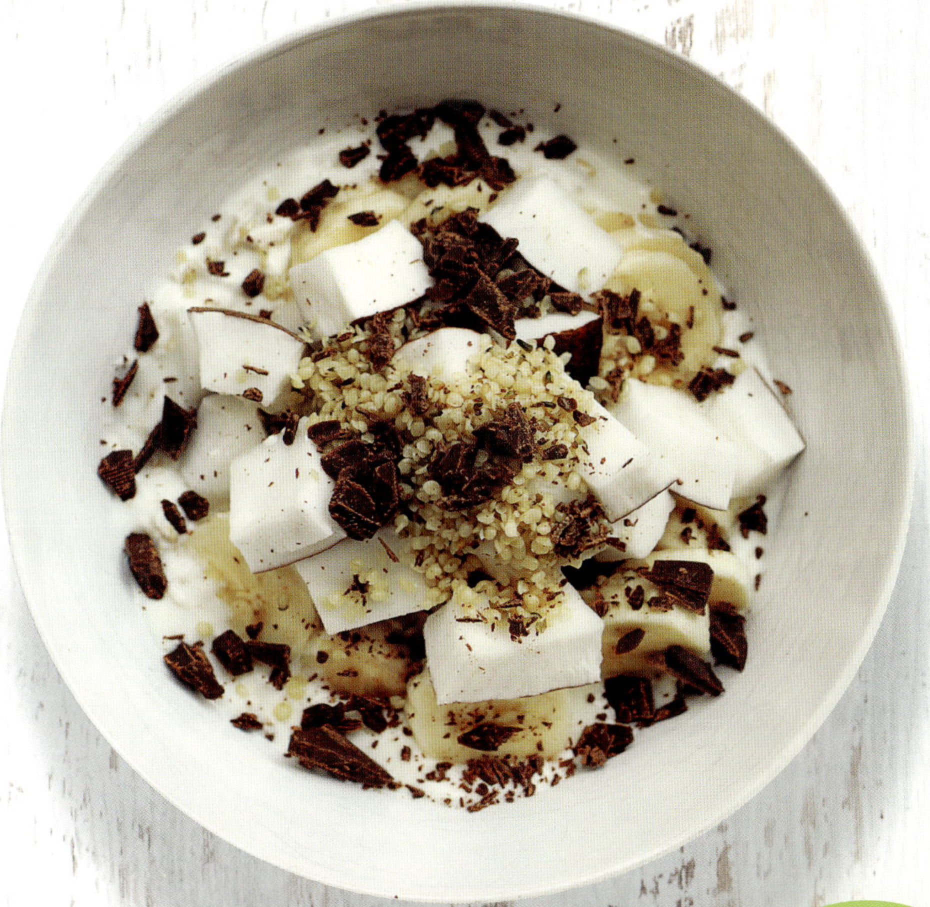

ZUTATEN

1/3 Tasse Haferflocken, über Nacht in 3 EL Naturjoghurt eingeweicht
1 Banane, in Scheiben geschnitten
Fruchtfleisch von 1/4 frischer Kokosnuss, klein geschnitten
1 EL geschälte Hanfsamen
2 Stücke dunkle Schokolade, klein gehackt

ROHKOST-VARIANTE

Den Naturjoghurt durch Mandelsahne (s. Seite 29) ersetzen und rohe dunkle Schokoladenchips verwenden.

Wassermelone, Orange & Pistazien

ZUTATEN

2 EL Pistazienjoghurt (s. Seite 29)

1 kleines Stück Wassermelone, entkernt und
klein geschnitten

½ Orange, filetiert und klein geschnitten

1 EL Pistazien

1 Handvoll frische Minzblätter

VEGETARISCHE VARIANTE

2 EL Crème fraîche zufügen.

VEGAN

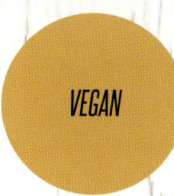

Kokosnuss, Blutorange, Porridge & Hanfsamen

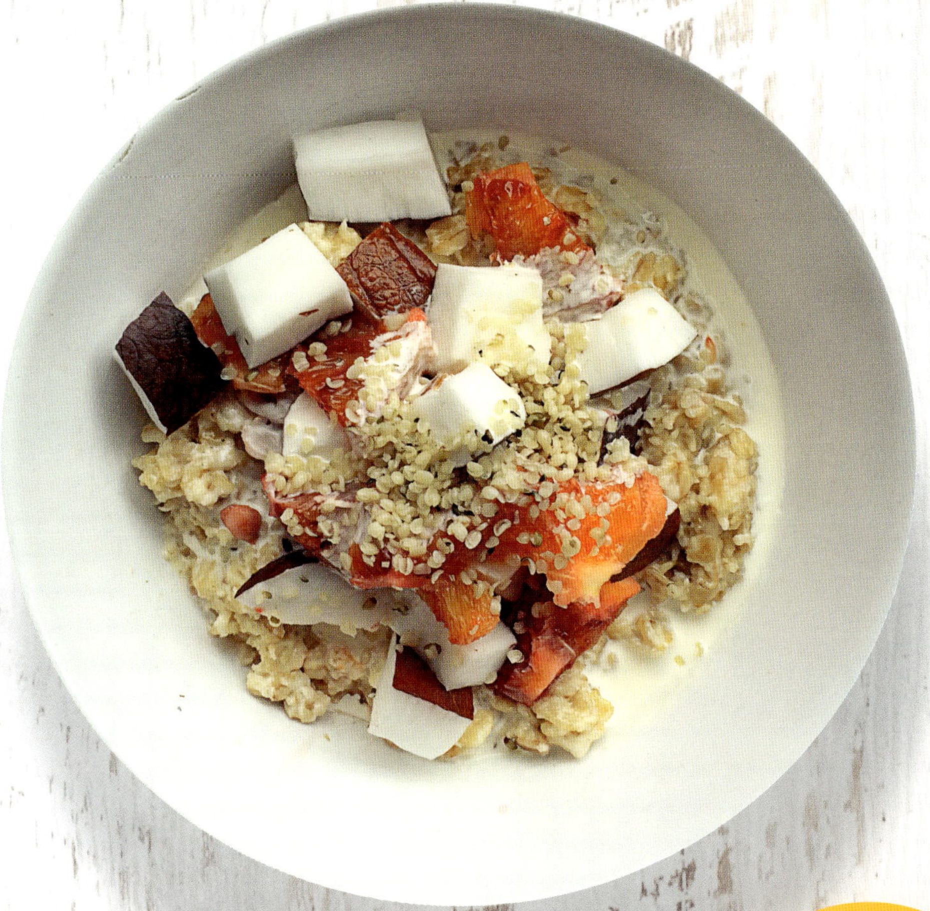

ZUTATEN

⅓ Tasse Porridge, mit Mandelmilch (s. Seite 16) und 1 TL gemahlenem Ingwer zubereitet
Fruchtfleisch von ¼ frischer Kokosnuss, klein geschnitten
½ Blutorange, filetiert und klein geschnitten
1 EL geschälte Hanfsamen

VEGETARISCHE VARIANTE

Die Mandelmilch durch Milch ersetzen.

VEGETARISCH

Apfel, Kiwi, Vollkornflocken & Chiasamen

ZUTATEN

1 Handvoll Vollkornflocken
Avocadopüree (s. Seite 27)
1 kleiner Apfel, in Spalten geschnitten
1 große Kiwi, in Scheiben geschnitten
1 TL Chiasamen
½ TL Blütenpollen
1 Handvoll frische Minzblätter

VEGANE VARIANTE
Die Blütenpollen durch 2 EL Kokosjoghurt ersetzen.

Kokosnuss, Kiwi, Quinoa & Gojibeeren

ZUTATEN

50 g schwarze Quinoa, gegart
Fruchtfleisch von ¼ frischer Kokosnuss, klein geschnitten
Bananen-Zitronen-Püree (s. Seite 26)
1 Kiwi, in Scheiben geschnitten
1 EL Gojibeeren, über Nacht in Wasser eingeweicht

VEGETARISCHE VARIANTE

Das Bananen-Zitronen-Püree durch Naturjoghurt ersetzen.

Kokosnuss, Papaya, Quinoa & Erdnüsse

ZUTATEN

2 EL *Quinoa-Porridge, mit Wasser (s. Seite 16) und*
   1 TL gemahlenem Ingwer zubereitet
Fruchtfleisch von ¼ frischer Kokosnuss, klein geschnitten
½ Papaya, entkernt und klein geschnitten
2 EL Erdnüsse, geröstet
1 Handvoll frischer Koriander

ROHKOST-VARIANTE
Quinoa-Porridge durch Haferflocken (in Rohkostqualität), in Kokosmilch eingeweicht, ersetzen und Erdnüsse nicht rösten.

Apfel, Orange, Porridge & Chiasamen

ZUTATEN

⅓ Tasse Porridge, mit Kokosmilch (s. Seite 16) und
   1 TL gemahlener Kurkuma zubereitet
1 kleiner Apfel, in Spalten geschnitten
1 kleine Orange, filetiert und klein geschnitten
2 EL Kokosjoghurt
1 TL Chiasamen

VEGETARISCHE VARIANTE

Den Kokosjoghurt durch Crème fraîche ersetzen.

ROHKOST

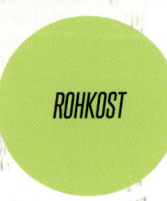

Trauben, Apfel, Haferflocken & Haselnüsse

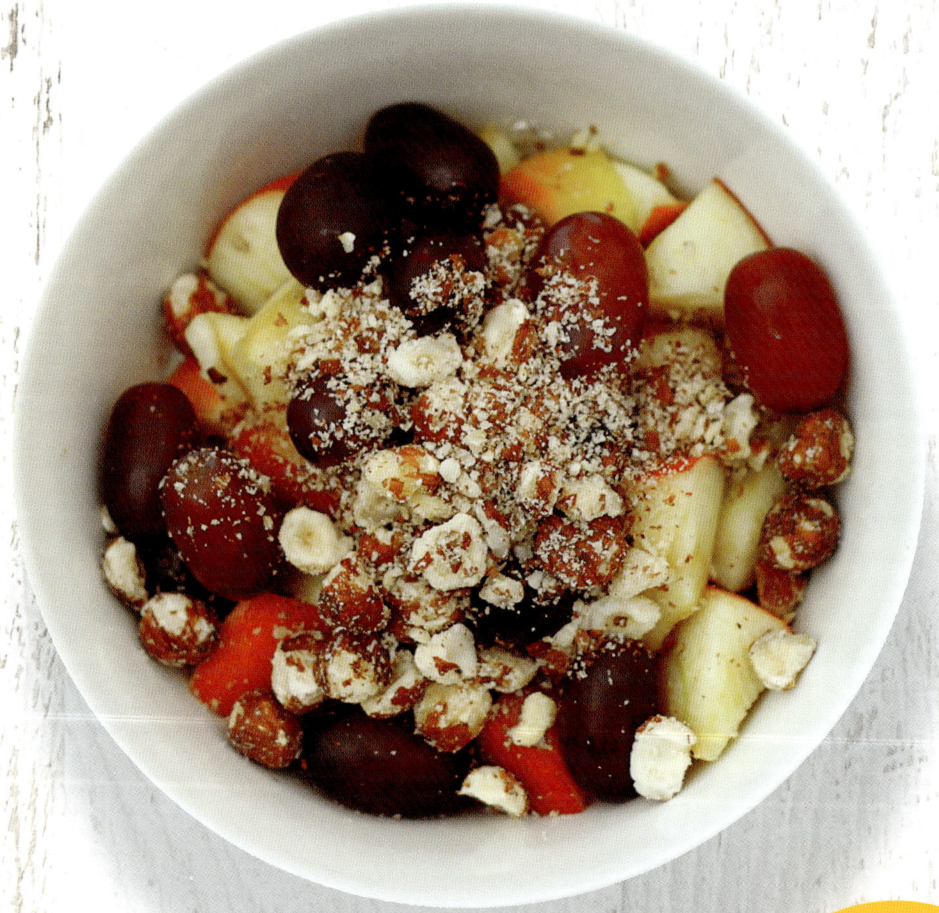

ZUTATEN

⅓ Tasse Haferflocken (in Rohkostqualität), über Nacht in ⅓ Tasse Mandelmilch und 1 TL gemahlenem Zimt eingeweicht
1 kleiner Apfel, in Spalten geschnitten
1 Handvoll rote Trauben
1 Handvoll Haselnüsse, klein gehackt

VEGETARISCHE VARIANTE

30 g weichen Ziegenfrischkäse hinzufügen.

Grapefruit, Kiwi, Vollkornflocken & Chiasamen

ZUTATEN

⅓ Tasse Vollkornflocken
1 Kiwi, klein geschnitten
½ rote Grapefruit, filetiert und klein geschnitten
2 EL Naturjoghurt
1 TL Chiasamen

Banane, Grapefruit, Roggenbrot & Cashewjoghurt

ZUTATEN

*3 EL Cashewjoghurt, mit Himbeeren aromatisiert
   (s. Seite 29)*
1 Scheibe Roggenbrot, klein geschnitten
1 Banane, in Scheiben geschnitten
½ rote Grapefruit, filetiert und klein geschnitten
getrocknete Rosenblütenblätter (nach Belieben)
1 Handvoll frische Minzblätter

VEGETARISCHE VARIANTE

Den Cashewjoghurt durch Himbeerjoghurt ersetzen.

Grapefruit, Avocado, Getreideflocken & Pistazien

ZUTATEN

1 Handvoll glutenfreie Getreideflocken
½ rosa Grapefruit, filetiert und klein geschnitten
½ Avocado, klein geschnitten
1 EL Pistazien
1 EL Mandelsahne (s. Seite 29)
essbare Stiefmütterchenblüten (nach Belieben)

VEGETARISCHE VARIANTE
Die Mandelsahne durch Naturjoghurt ersetzen.

VEGETARISCH

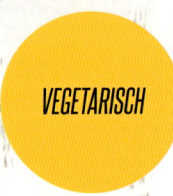

Physalis, Birne, Haferflocken & Mohnsamen

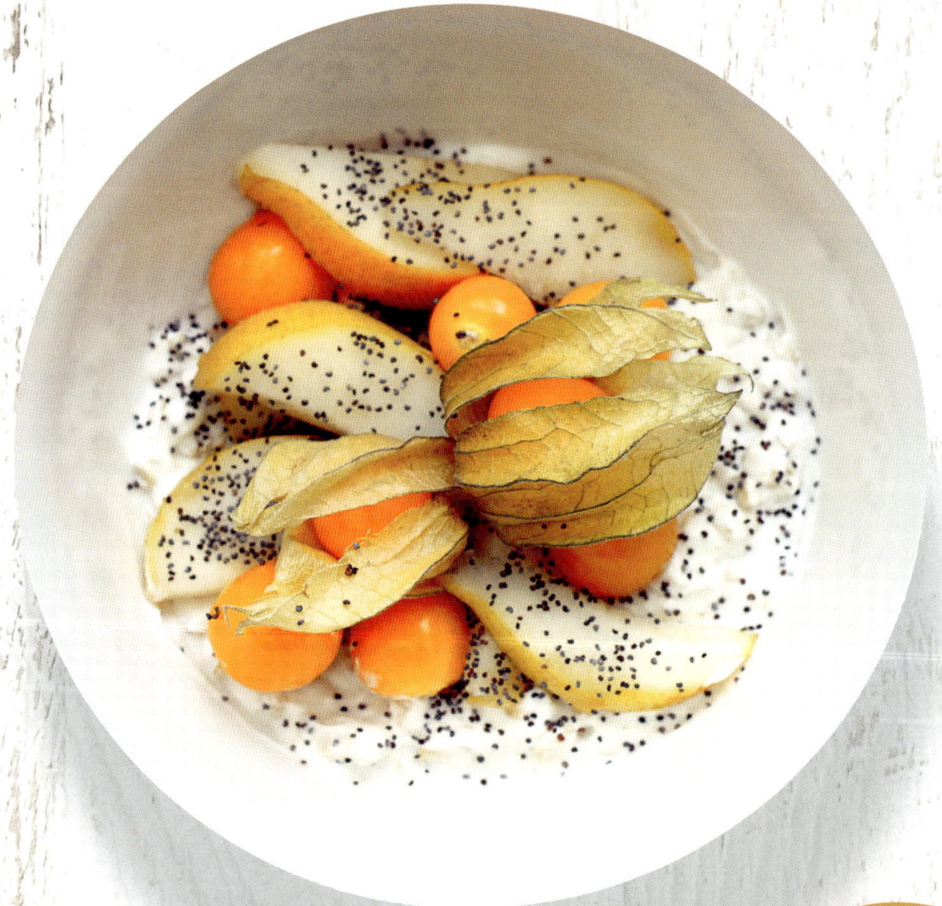

ZUTATEN

⅓ Tasse Haferflocken, über Nacht in ⅓ Tasse Naturjoghurt und 2 EL Apfelsaft eingeweicht
1 Handvoll Physalis
½ Birne, klein geschnitten
1 TL Mohnsamen

VEGANE VARIANTE

Den Naturjoghurt durch Mandelmilch ersetzen.

Granatapfelkerne, Banane, Granola & Blütenpollen

ZUTATEN

⅓ Tasse Granola (s. Seite 19)
1 Banane, in Scheiben geschnitten
2 EL Granatapfelkerne
2 EL Naturjoghurt
1 TL Blütenpollen

VEGANE VARIANTE
*Den Naturjoghurt
durch Kokos- oder Cashew-
joghurt (s. Seite 29)
ersetzen und die
Blütenpollen weglassen.*

Banane, Kiwi, Quinoa & Sonnenblumenkerne

ZUTATEN

2 EL Kokosjoghurt
1 Banane, in Scheiben geschnitten
1 Kiwi, klein geschnitten
1 EL Quinoa-Knuspermüsli
1 TL Sonnenblumenkerne
1 TL Kokosraspel

VEGETARISCHE VARIANTE

Den Kokosjoghurt durch Naturjoghurt ersetzen.

Kiwi, Orange, Gojibeeren & Blütenpollen

ZUTATEN

2 EL Müsli
1 Kiwi, klein geschnitten
½ Orange, filetiert und klein geschnitten
2 EL Naturjoghurt
1 TL Gojibeeren, einige Minuten in Wasser eingeweicht
1 TL Blütenpollen

VEGANE VARIANTE
*Den Naturjoghurt
durch Cashewjoghurt
(s. Seite 29) ersetzen und
die Blütenpollen
weglassen.*

Grapefruit, Mango, Vollkornflocken & Chiasamen

ZUTATEN

2 EL Vollkornflocken
½ kleine Mango, klein geschnitten
½ rote Grapefruit, filetiert und klein geschnitten, mit Saft
1 TL Chiasamen
1 Handvoll frische Minzblätter

VEGETARISCHE VARIANTE

Noch 2–3 EL Natur-
joghurt oder 30 g Ziegen-
käse zugeben.

VEGETARISCH

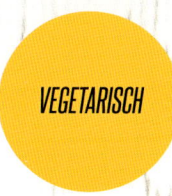

Kaki, Apfel, Porridge & Walnüsse

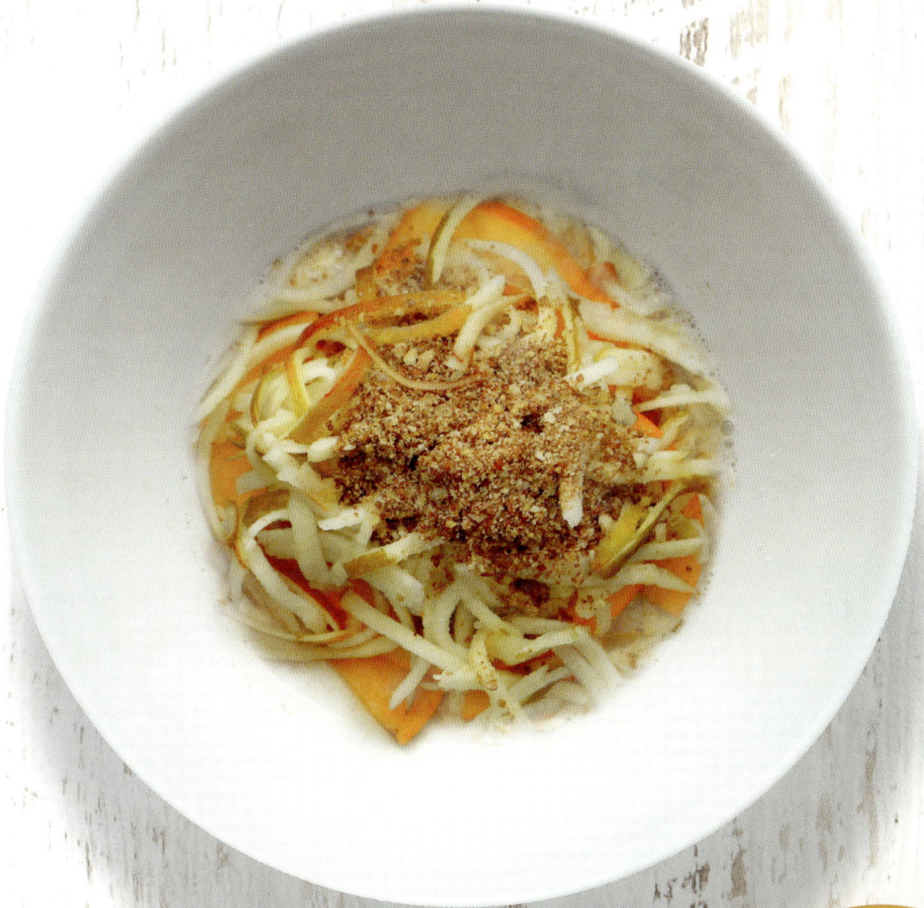

ZUTATEN

⅓ Tasse Porridge, mit Milch und 1 TL gemahlenem Zimt zubereitet
½ Kaki, in Spalten geschnitten
½ Apfel, in feine Julienne geschnitten
2 TL Walnüsse, in der Küchenmaschine fein gemahlen

VEGANE VARIANTE

Die Milch durch Kokosmilch ersetzen.

ROHKOST

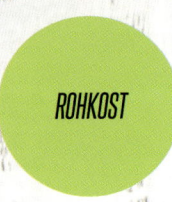

Grapefruit, Apfel, Banane & Hanfsamen

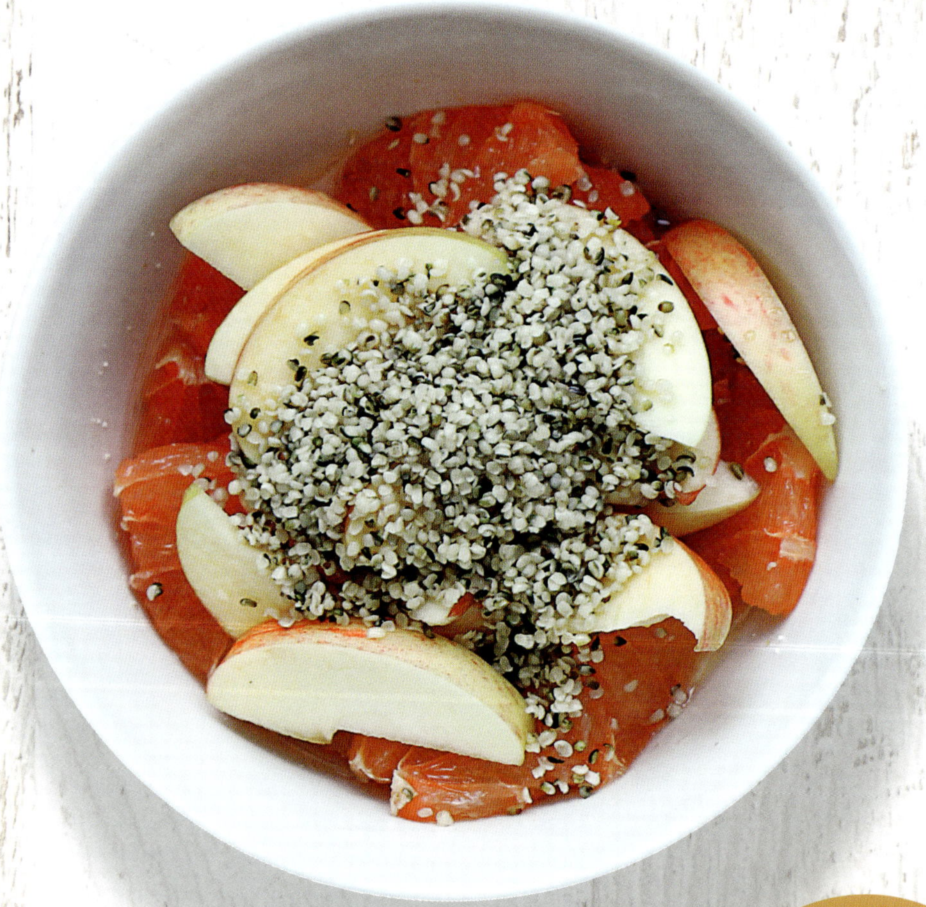

ZUTATEN

Bananen-Zitronen-Püree (s. Seite 26)
½ rosa Grapefruit, filetiert und klein geschnitten
½ Apfel, klein geschnitten
1 EL geschälte Hanfsamen

VEGANE VARIANTE
Noch 2 EL Kokosjoghurt zugeben.

Pflaumen, Trauben, Cornflakes & Chiasamen

ZUTATEN

Bananen-Zitronen-Püree (s. Seite 26)
⅓ Tasse Cornflakes
2 kleine Pflaumen, klein geschnitten
1 Handvoll rote Trauben
1 TL Chiasamen
einige frische Minzblätter
1 essbare Stiefmütterchenblüte (nach Belieben)

ROHKOST-VARIANTE

Die Cornflakes durch ⅓ Tasse Haferflocken (in Rohkostqualität), über Nacht in ⅓ Tasse Orangensaft eingeweicht, ersetzen.

107

ROHKOST

Birne, Grapefruit, Haferflocken & Gojibeeren

ZUTATEN

⅓ Tasse Haferflocken (in Rohkostqualität), über Nacht in
　⅓ Tasse Orangensaft eingeweicht

½ Birne, klein geschnitten

½ Grapefruit, filetiert und klein geschnitten

1 EL Gojibeeren, einige Minuten in Wasser eingeweicht

1 TL schwarze Sesamsamen

1 TL roher Honig

VEGETARISCHE VARIANTE
Zusätzlich 1 EL Naturjoghurt zugeben.

VEGETARISCH

Birne, Pflaumen, Haferflocken & Blütenpollen

ZUTATEN

*2 EL Haferflocken, über Nacht in 3 EL Naturjoghurt mit
  1 TL gemahlenem Ingwer eingeweicht*
½ Birne, klein geschnitten
2 Pflaumen, klein geschnitten
1 TL Blütenpollen
1 TL Mohnsamen

**VEGANE
VARIANTE**

*Die Blütenpollen weg-
lassen und den Natur-
joghurt durch Hafer- oder
Sojasahne ersetzen.*

109

VEGETARISCH

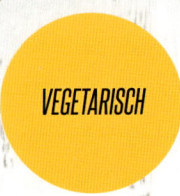

Apfel, Granatapfelkerne, Couscous & Kürbiskerne

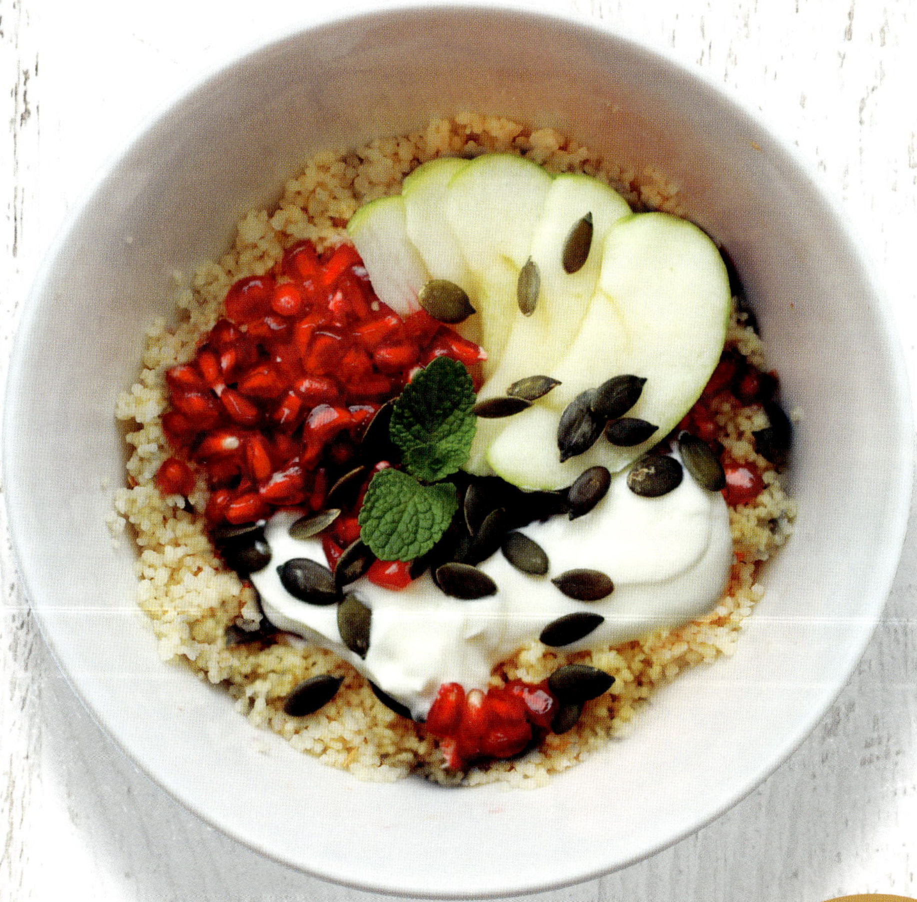

ZUTATEN

50 g Couscous, gegart
1 kleiner Apfel, klein geschnitten
2 EL Granatapfelkerne
2 EL Naturjoghurt
1 EL Kürbiskerne
1 Stängel frische Minzblätter

VEGANE VARIANTE

Den Naturjoghurt durch Kokos- oder Cashewjoghurt *(s. Seite 29)* *ersetzen.*

Birne, Kiwi, Quinoa & Leinsamen

ZUTATEN

50 g schwarze Quinoa, gegart
½ Birne, klein geschnitten
1 Kiwi, klein geschnitten
1 EL Gojibeeren, einige Minuten in Wasser eingeweicht
1 Handvoll frische Minzblätter
1 TL Leinsamen

ROHKOST-VARIANTE
Quinoa durch ⅓ Tasse Haferflocken (in Rohkost-qualität), über Nacht in ⅓ Tasse Apfelsaft einge-weicht, ersetzen.

Passionsfrucht, Kiwi, Vollkornflocken & Hanfsamen

ZUTATEN

⅓ Tasse Vollkornflocken
Kerne von 1 Passionsfrucht
1 Kiwi, in Scheiben geschnitten
2 EL Hafer- oder Sojasahne
1 EL geschälte Hanfsamen

ROHKOST-VARIANTE
Die Sahne durch Mandelsahne (s. S. 29) und die Vollkornflocken durch Haferflocken (in Rohkostqualität), in Saft eingeweicht, ersetzen.

Kiwi, Granatapfel-kerne, Roggenbrot & Walnüsse

ZUTATEN

1 Scheibe Roggenbrot, klein geschnitten
2 EL Naturjoghurt
2 EL Granatapfelkerne
1 Kiwi, in Scheiben geschnitten
1 Handvoll Walnüsse

VEGANE VARIANTE

Den Naturjoghurt durch Hafer- oder Soja-sahne oder auch Kokos-joghurt ersetzen.

VEGAN

Orange, Birne, Buchweizen & Walnüsse

ZUTATEN

50 g Buchweizen, gegart
½ Birne, klein geschnitten
½ Orange, filetiert und klein geschnitten
1 TL schwarze Sesamsamen
2 EL Walnüsse

ROHKOST-VARIANTE

Den Buchweizen durch ⅓ Tasse Haferflocken (in Rohkostqualität), über Nacht in ⅓ Tasse Orangensaft eingeweicht, ersetzen.

Granatapfelkerne, Orange, Couscous & Pistazien

ZUTATEN

50 g Couscous, gegart

1 kleine Orange, filetiert und klein geschnitten

2 EL Granatapfelkerne

1 EL Pistazien

1 Handvoll Trockenpflaumen, entsteint

VEGETARISCHE VARIANTE

Noch 1 EL Naturjoghurt zugeben.

Granatapfelkerne, Ananas, Haferflocken & Chiasamen

ZUTATEN

1 EL Chiasamen und 1 EL Haferflocken
   (in Rohkostqualität), einige Minuten in ⅓ Tasse
   Mandelmilch eingeweicht

1 kleines Stück Ananas, klein geschnitten

2 EL Granatapfelkerne

1 TL Chiasamen

1 Handvoll frische Minzblätter

VEGETARISCHE VARIANTE
Zusätzlich 2 EL Crème fraîche zugeben.

Passionsfrucht, Banane, Quinoa & Cashewkerne

ZUTATEN

50 g schwarze Quinoa, gegart
1 Banane, in Scheiben geschnitten
Kerne von 1 Passionsfrucht
1 Handvoll Basilikum-Minze oder Minze
1 EL Cashewkerne

VEGETARISCHE VARIANTE
Zusätzlich 2 EL Crème fraîche zugeben.

Litschis, Kiwi, Porridge & Chiasamen

ZUTATEN

⅓ Tasse Porridge, *mit Kokosmilch (s. Seite 16) und
    1 TL gemahlenem Ingwer zubereitet*
4 Litschis, *entkernt und halbiert*
1 Kiwi, *klein geschnitten*
1 TL Chiasamen
1 EL Gojibeeren, *einige Minuten in Wasser eingeweicht*

ROHKOST-VARIANTE
Die Milch durch Mandelmilch ersetzen. Die Haferflocken (in Rohkostqualität) für das Porridge nicht garen, sondern über Nacht einweichen.

Ananas, Kokosnuss, Quinoa & Pistazien

ZUTATEN

Bananen-Zitronen-Püree (s. Seite 26)
1 kleines Stück Ananas, klein geschnitten
Fruchtfleisch von ¼ frischer Kokosnuss, klein geschnitten
1 EL Pistazien
1 EL Quinoa-Knuspermüsli

ROHKOST-VARIANTE
Die Quinoa durch 1 EL geschälte Hanfsamen ersetzen.

Granatapfelkerne, Papaya, Roggenbrot & Blütenpollen

ZUTATEN

1 Scheibe Roggenbrot, gewürfelt
½ Papaya, klein geschnitten
2 EL Granatapfelkerne
2 EL Naturjoghurt
1 TL Blütenpollen

VEGANE VARIANTE
Den Naturjoghurt durch Hafer- oder Sojasahne ersetzen. Die Blütenpollen weglassen.

Passionsfrucht, Apfel, Banane & Açaibeeren

ZUTATEN

1 Banane, mit 50 g tiefgekühlten Açaibeeren püriert
½ Apfel, fein geschnitten
Kerne von 1 Passionsfrucht
1 TL Blütenpollen
1 EL Cashewkerne

VEGANE VARIANTE
Ohne die Blüten-
pollen zubereiten.

Kaki, Grapefruit, Haferflocken & Chiasamen

ZUTATEN

⅓ Tasse Haferflocken (in Rohkostqualität), über Nacht in
   2 EL Mandelmilch eingeweicht
½ reife Kaki, klein geschnitten
½ rote Grapefruit, filetiert und klein geschnitten
1 TL Chiasamen
1 TL abgeriebene Orangenschale
1 TL roher Honig

VEGANE VARIANTE
Noch 2 EL Kokosjoghurt hinzugeben. Den Honig weglassen.

Litschis, Birne, Cornflakes & Haselnüsse

ZUTATEN

⅓ Tasse Cornflakes
1 Birne, klein geschnitten
4 Litschis, entkernt und halbiert
2 EL Haselnüsse
1 Handvoll frische Minzblätter

VEGETARISCHE VARIANTE
Zusätzlich 1 EL flüssige oder steif geschlagene Sahne hinzugeben.

VEGETARISCH

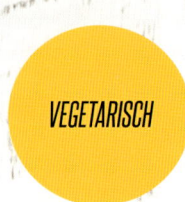

Mango, Apfel, Quinoa & Joghurt

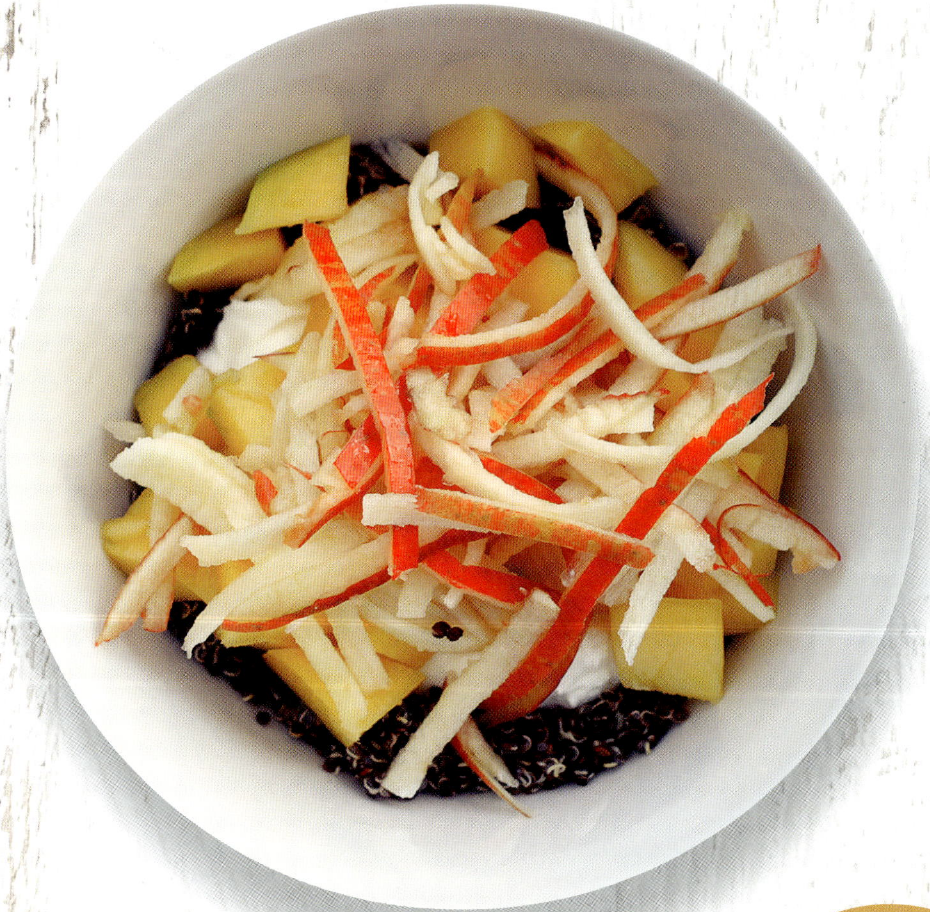

ZUTATEN

50 g schwarze Quinoa, gegart
2 EL Naturjoghurt
½ Mango, klein geschnitten
½ Apfel, in feine Streifen geschnitten

VEGANE VARIANTE

Den Naturjoghurt durch Cashewjoghurt (s. Seite 29) ersetzen.

VEGAN

Mango, Passionsfrucht, Cornflakes & Mohnsamen

ZUTATEN

Bananen-Zitronen-Püree (s. Seite 26)
⅓ Tasse Cornflakes
Kerne von 1 Passionsfrucht
2 EL Kokosraspel
½ Mango, klein geschnitten
1 TL Mohnsamen

VEGETARISCHE VARIANTE

Das Bananen-Zitronen-Püree durch Naturjoghurt ersetzen.

125

Litschis, Blutorange, Haferflocken & Hanfsamen

ZUTATEN

⅓ Tasse Haferflocken, über Nacht in ⅓ Tasse Blutorangen-
saft und 1 TL gemahlenem Ingwer eingeweicht

4 Litschis, entkernt und halbiert

1 Blutorange, filetiert und klein geschnitten

1 Handvoll frische Minzblätter

1 EL geschälte Hanfsamen

VEGETARISCHE VARIANTE

Zusätzlich 1 EL flüs-
sige oder steif geschlagene
Sahne hinzugeben.

VEGETARISCH

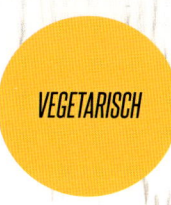

Litschis, Ananas, Haferflocken & Walnüsse

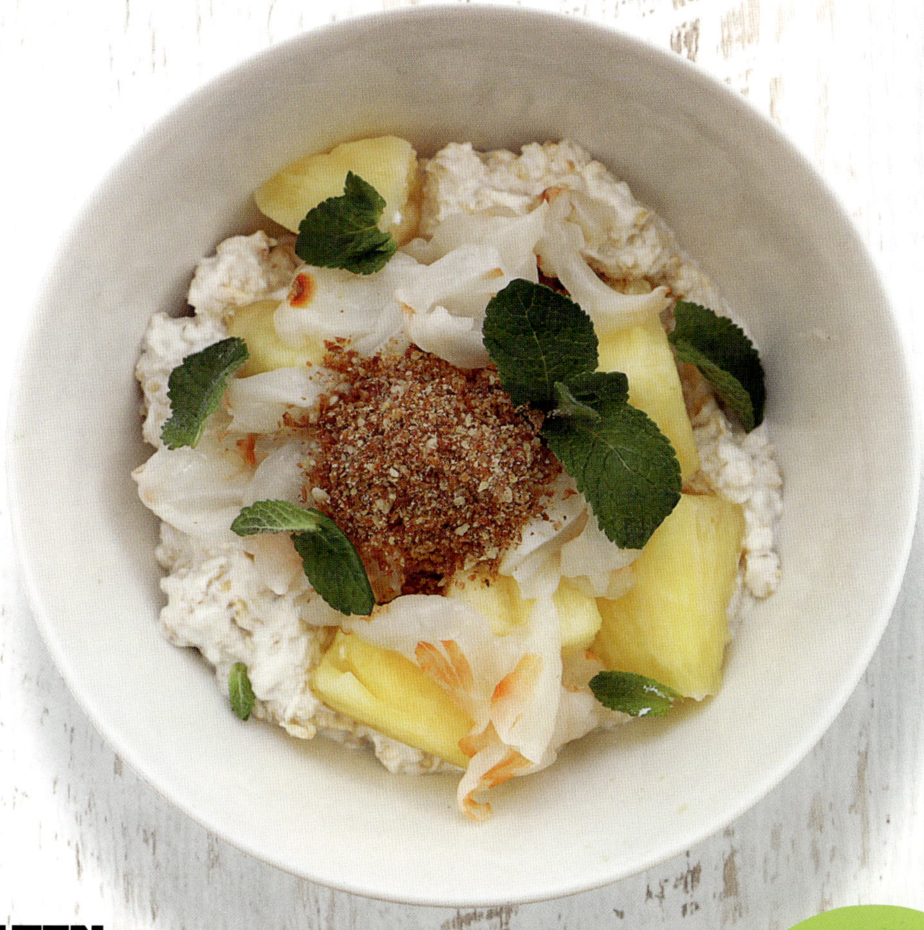

ZUTATEN

1/3 Tasse Haferflocken, über Nacht in 2 EL Naturjoghurt und 1 TL gemahlenem Ingwer eingeweicht
4 Litschis, entkernt und halbiert
1 kleines Stück Ananas, klein geschnitten
1 EL Walnüsse, in der Küchenmaschine gemahlen
1 Handvoll frische Minzblätter

ROHKOST-VARIANTE

Den Naturjoghurt durch Cashewjoghurt *(s. Seite 29)* *austauschen.*

VEGAN

Mango, Kokosnuss, Vollkornflocken & Gojibeeren

ZUTATEN

2 EL Vollkornflocken
3 EL Soja- oder Hafersahne
Fruchtfleisch von ¼ frischer Kokosnuss, klein geschnitten
½ Mango, klein geschnitten
1 EL Gojibeeren, einige Minuten in Wasser eingeweicht

VEGETARISCHE VARIANTE
Die Soja- oder Hafersahne durch Naturjoghurt ersetzen.

VEGETARISCH

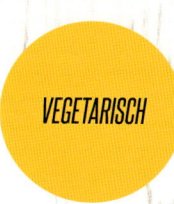

Avocado, Kokosraspel, Vollkornflocken & Chiasamen

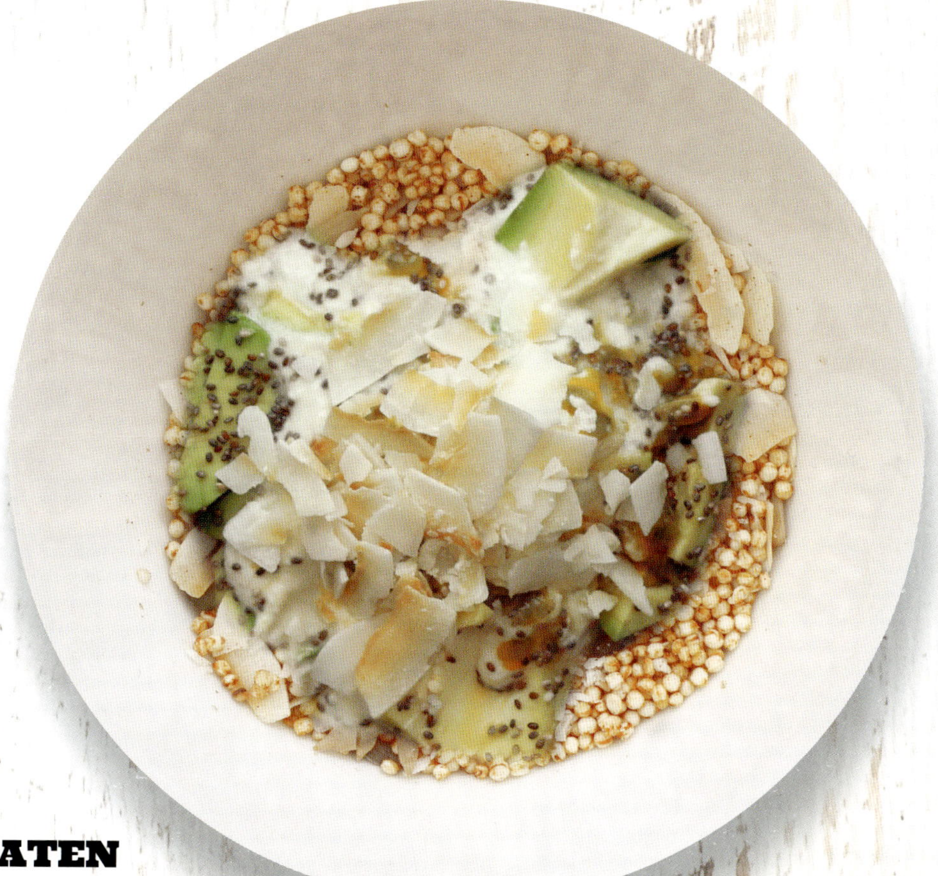

ZUTATEN

⅓ Tasse Vollkornflocken
2 TL geröstete Quinoa
2 EL Naturjoghurt, mit Kernen von 1 Passionsfrucht gemischt
½ Avocado, klein geschnitten
1 Handvoll Kokosraspel
1 TL Chiasamen

VEGANE VARIANTE

Den Naturjoghurt durch Kokosjoghurt ersetzen.

Herzhaft

VEGETARISCH

Pflaume, Melone, Buchweizen & Ziegen-käse

ZUTATEN

50 g Buchweizen, gegart

1 Stück Cantaloupe- oder Honigmelone, klein geschnitten

1 rote Pflaume, klein geschnitten

30 g Ziegenkäse, zerkrümelt

1 Handvoll frische Minzblätter, klein gehackt

1 Spritzer natives, kalt gepresstes Rapskernöl

VARIANTE MIT FLEISCH

Zusätzlich 2 Scheiben Parmaschinken hinzugeben.

Birne, Trauben, Roggenbrot & Blauschimmelkäse

ZUTATEN

1 kleine Birne, klein geschnitten
1 Handvoll rote Trauben
30 g Blauschimmelkäse, zerkrümelt
1 Scheibe Roggenbrot, in Streifen geschnitten
1 Handvoll Walnüsse

VARIANTE MIT FLEISCH

Den Käse durch Coppa oder Schinkenspeck ersetzen.

Brombeeren, Feigen, Roggenbrot & Ziegenkäse

ZUTATEN

2 Feigen, klein geschnitten
1 Handvoll Brombeeren
30 g Ziegenkäse, zerkrümelt
1 Handvoll Mandeln, über Nacht in Wasser eingeweicht
1 Scheibe Roggenbrot oder geröstetes Sauerteigbrot, zerteilt

VEGANE VARIANTE
Den Käse durch Cashewsahne (s. Seite 29) ersetzen.

MIT FLEISCH

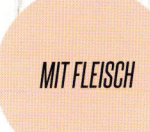

Melone, Feigen, Roggenbrot & Parmaschinken

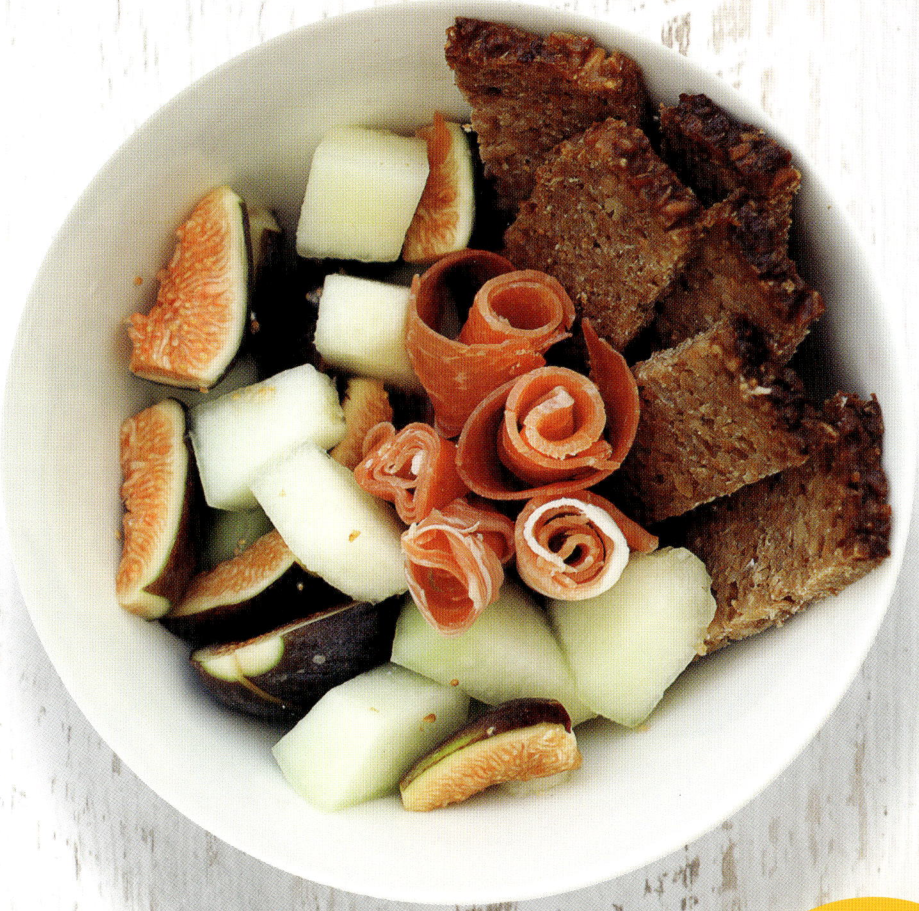

ZUTATEN

1 Scheibe Roggenbrot, in Streifen geschnitten
1 Stück Galia- oder Honigmelone, klein geschnitten
2 Feigen, klein geschnitten
2 Scheiben Parmaschinken, in Streifen geschnitten
1 Spritzer natives, kalt gepresstes Rapskernöl

VEGETARISCHE VARIANTE

Den Parmaschinken durch Ziegenkäse oder salzigen Ricotta ersetzen.

VEGETARISCH

Physalis, Trauben, Couscous & Ricotta salata

ZUTATEN

50 g Couscous, gegart
1 Handvoll Physalis
1 Handvoll rote Trauben
1 Handvoll Walnüsse
30 g Ricotta salata, klein geschnitten
1 Spritzer natives, kalt gepresstes Rapskernöl

VEGANE VARIANTE

Den Ricotta salata durch 2 EL Cashewjoghurt (s. Seite 29) ersetzen.

VEGETARISCH

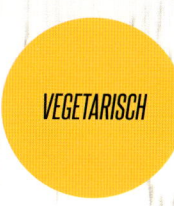

Nektarine, Feigen, Sauerteigbrot & Ziegenkäse

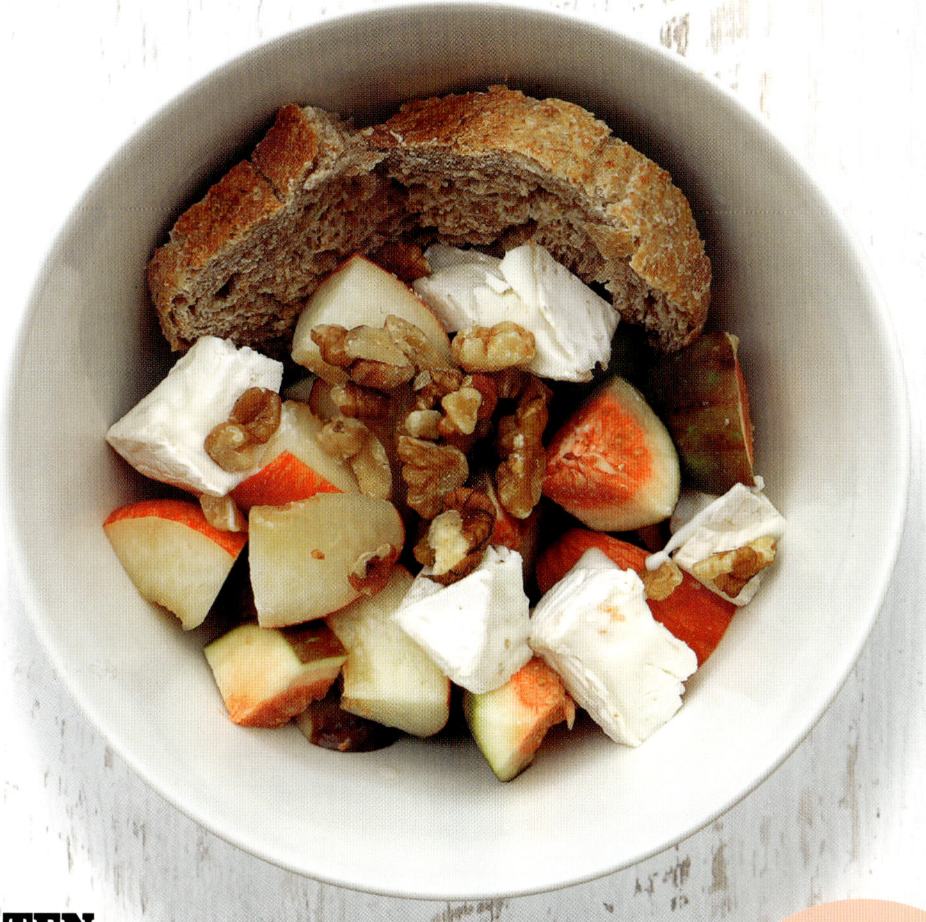

ZUTATEN

1 weiße Nektarine, klein geschnitten
2 Feigen, klein geschnitten
30 g Ziegenkäse, zerkrümelt
1 kleine Handvoll Walnüsse, grob gehackt
1 Scheibe Sauerteigbrot, geröstet und halbiert
1 Spritzer natives, kalt gepresstes Rapskernöl

VARIANTE MIT FLEISCH

Den Käse durch Parmaschinken, Coppa oder Serranoschinken ersetzen.

VEGETARISCH

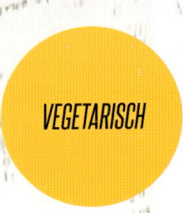

Himbeeren, Brombeeren, Roggenbrot & Hüttenkäse

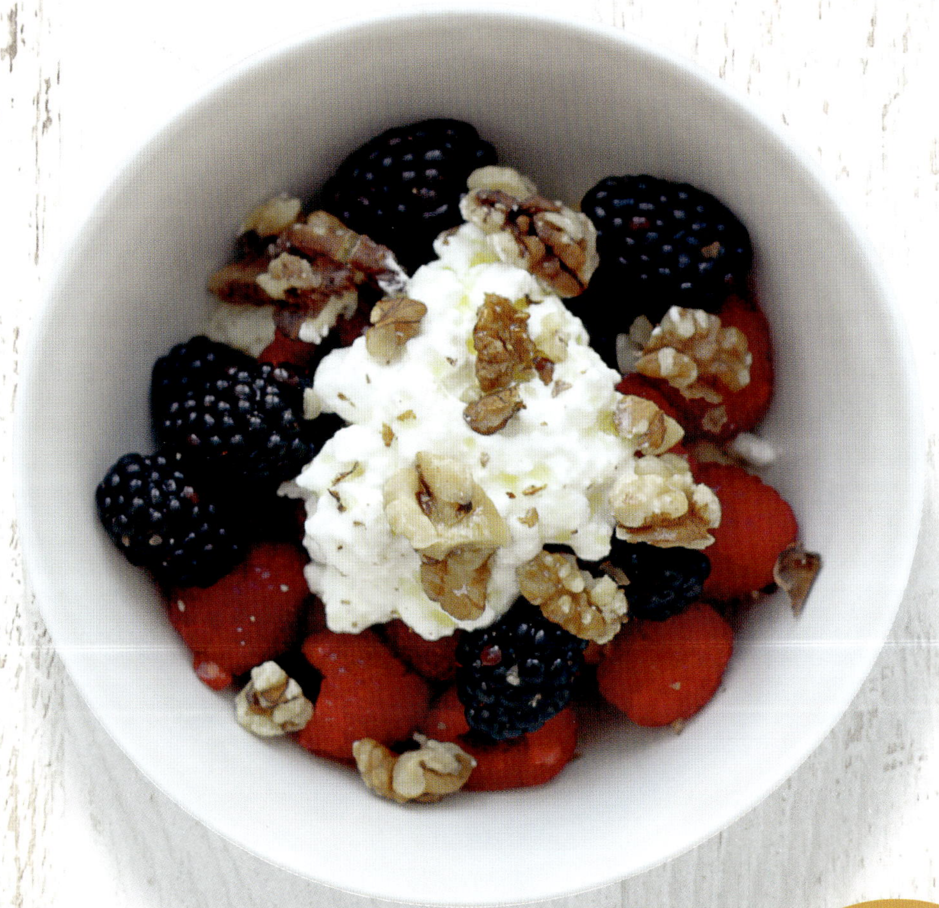

ZUTATEN

1 Scheibe Roggenbrot, klein geschnitten
1 Handvoll Himbeeren
1 Handvoll Brombeeren
2 EL Hüttenkäse
1 Handvoll Walnüsse, grob gehackt
1 Spritzer natives, kalt gepresstes Rapskernöl

SÜẞE VEGANE VARIANTE

Den Hüttenkäse durch Kokosjoghurt ersetzen.

Johannisbeeren, Aprikose, Couscous & Hüttenkäse

ZUTATEN

50 g Couscous, gegart
1 Handvoll schwarze Johannisbeeren
1 große Aprikose, in Spalten geschnitten
2 EL Hüttenkäse
1 EL Leinsamen
1 essbare Kapuzinerkresseblüte (nach Belieben)
1 Spritzer natives, kalt gepresstes Rapskernöl

VEGANE VARIANTE
Den Hüttenkäse durch Kokosjoghurt ersetzen.

139

VEGETARISCH

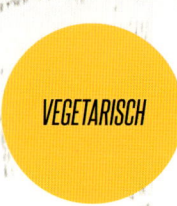

Granatapfelkerne, Birne, Porridge & Ricotta

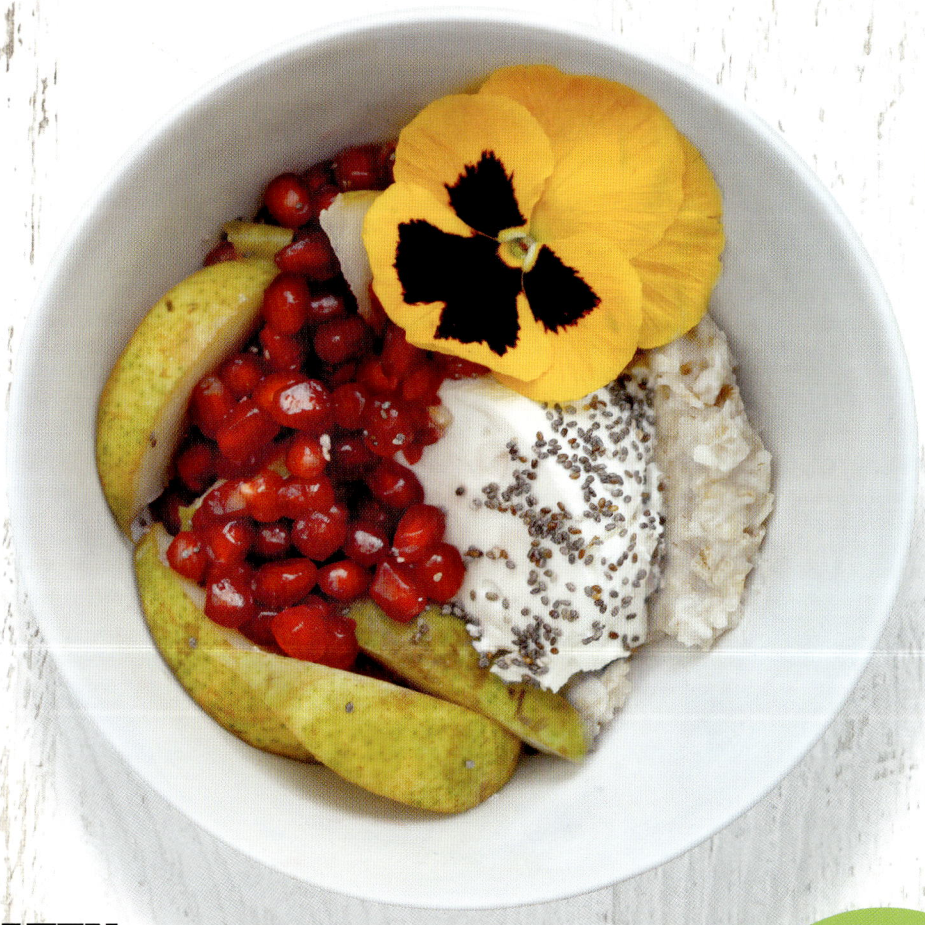

ZUTATEN

1 kleine Birne, klein geschnitten
Kerne von ½ Granatapfel
½ Tasse Porridge, mit Wasser und 1 Prise Salz zubereitet (s. Seite 16)
50 g Ricotta
1 TL Chiasamen
1 essbare Stiefmütterchenblüte (nach Belieben)

ROHKOST-VARIANTE
Den Ricotta durch Cashewjoghurt (s. Seite 29) ersetzen. Die Haferflocken (in Rohkostqualität) in Mandelmilch einweichen.

VEGETARISCH

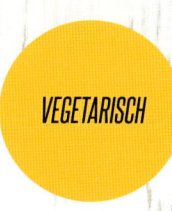

Himbeeren, Trauben, Quinoa & Ricotta salata

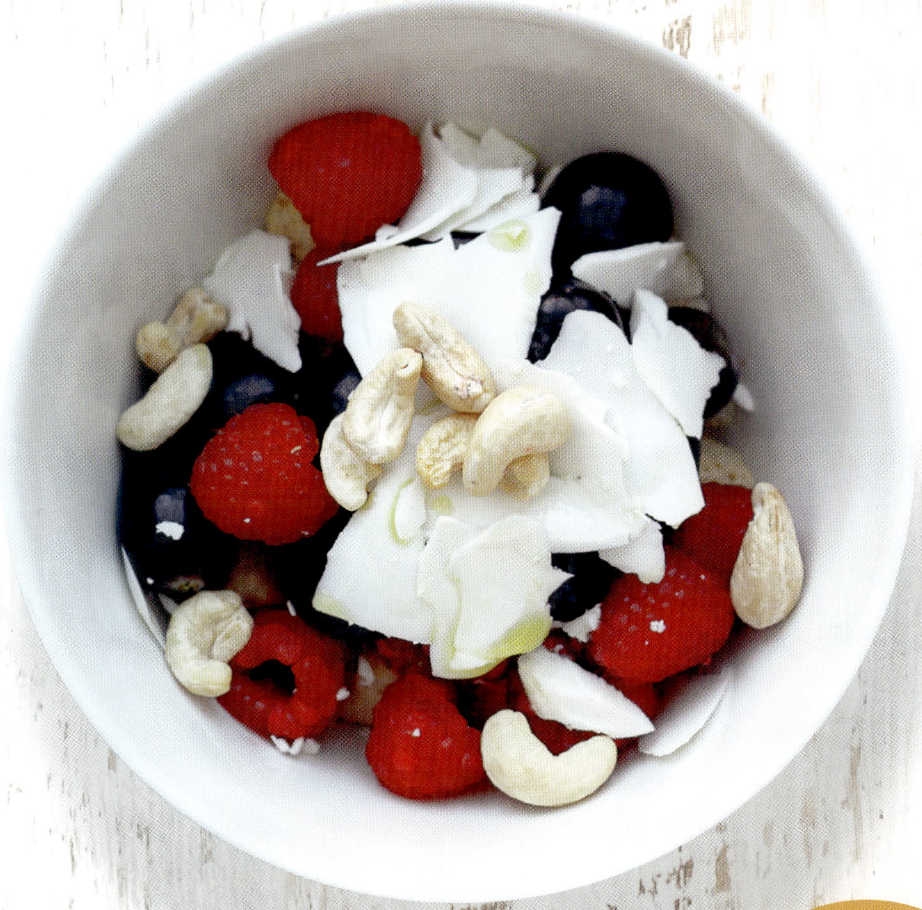

ZUTATEN

50 g Quinoa, gegart
1 Handvoll Himbeeren
1 Handvoll dunkle Trauben
30 g Ricotta salata, grob gehobelt
1 Handvoll Cashewkerne
1 Spritzer natives, kalt gepresstes Rapskernöl

SÜSSE VEGANE VARIANTE
Den Ricotta salata durch Kokosjoghurt ersetzen.

Granatapfelkerne, Avocado, Quinoa & Sesamsamen

ZUTATEN

80 g Quinoa, gegart
½ Avocado, klein geschnitten
Kerne von ½ Granatapfel
1 TL schwarze oder weiße Sesamsamen
einige essbare Ringelblumenblüten (nach Belieben)

VEGETARISCHE VARIANTE
Zusätzlich 30 g klein geschnittenen Manchego oder Ziegenkäse zugeben.

VEGETARISCH

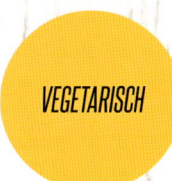

Aubergine, Zucchini, Perlgraupen & Feta

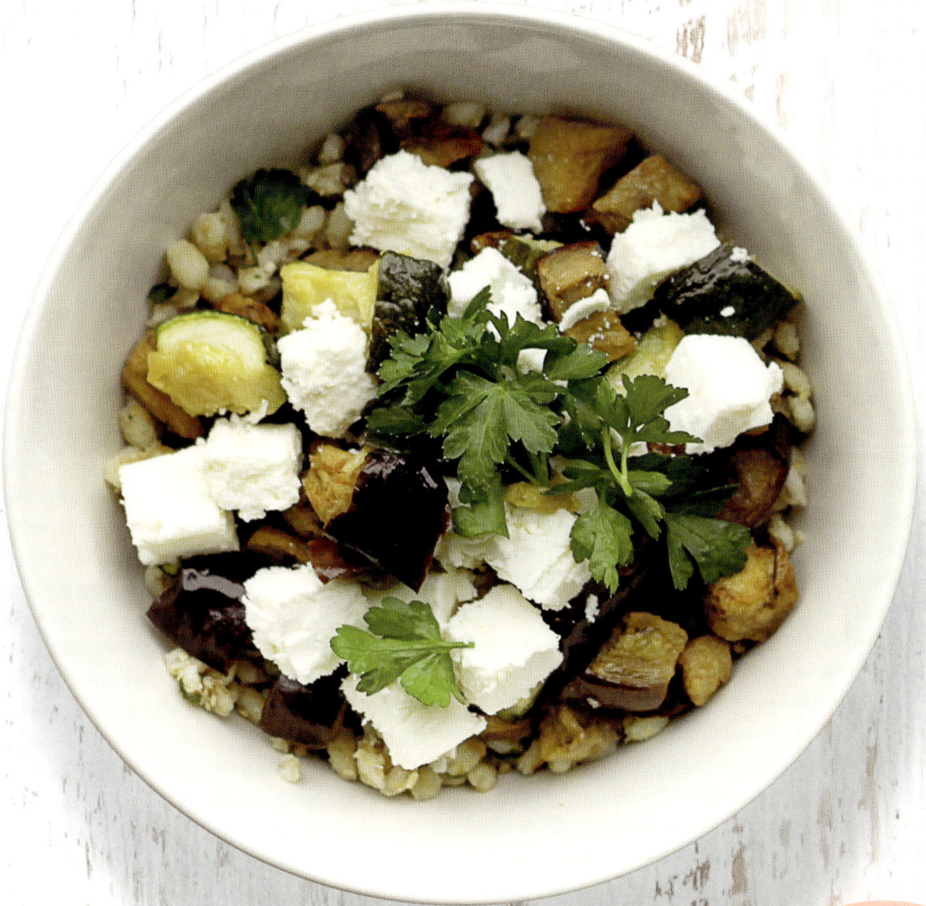

ZUTATEN

45 g Perlgraupen, gegart
½ Aubergine, klein geschnitten und geschmort
1 Zucchini, gewürfelt und geschmort
30 g Feta, klein geschnitten
1 Handvoll frische glatte Petersilienblätter

VARIANTE MIT FLEISCH

30 g geräucherte Chorizo oder Räucherschinken zufügen.

Brombeeren, Trauben, Roggenbrot & Parmaschinken

ZUTATEN

1 Handvoll Brombeeren

1 Handvoll rote Trauben

2 Scheiben Parmaschinken oder Coppa,
in Streifen geschnitten

1 Scheibe Roggenbrot, in Streifen geschnitten

1 EL Pinienkerne, geröstet

VEGETARISCHE VARIANTE

Den Schinken durch 30 g zerkrümelten Ziegenkäse ersetzen.

Blaubeeren, Avocado, Roggenbrot & Ziegenkäse

ZUTATEN

1 Avocado, klein geschnitten
1 Handvoll Blaubeeren
30 g Ziegenkäse, zerkrümelt
1 Scheibe Roggenbrot, in Streifen geschnitten

SÜSSE VEGANE VARIANTE

Den Käse durch 2 EL Cashewsahne (s. Seite 29) oder Nussbutter ersetzen.

Aubergine, Avocado, Porridge & Sesam- samen

ZUTATEN

¼ Tasse Porridge, mit Kokosmilch (s. Seite 16) zubereitet
½ Aubergine, klein geschnitten und geröstet
½ Avocado, klein geschnitten
1 TL schwarze Sesamsamen
1 Handvoll frischer Koriander
einige getrocknete Chiliflocken

VARIANTE MIT FLEISCH

Zusätzlich 30 g gebratenes Hähnchenfleisch oder gegarte Garnelen ohne Schale zugeben.

VEGAN

Granatapfelkerne, Aubergine, Vollkorn-reis & Sesamsamen

ZUTATEN

50 g Vollkornreis, gegart
40 g grüne Linsen oder Puy-Linsen, gegart
1 TL geröstetes Sesamöl
½ Aubergine, klein geschnitten und geröstet
Kerne von ½ Granatapfel
1 TL Sesamsamen

VEGETARISCHE VARIANTE

Noch 1 EL Labneh (Joghurt-Frischkäse) oder griechischen Joghurt hinzufügen.

MIT FISCH

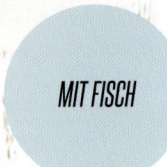

Blutorange, Avocado, Vollkornreis & Garnelen

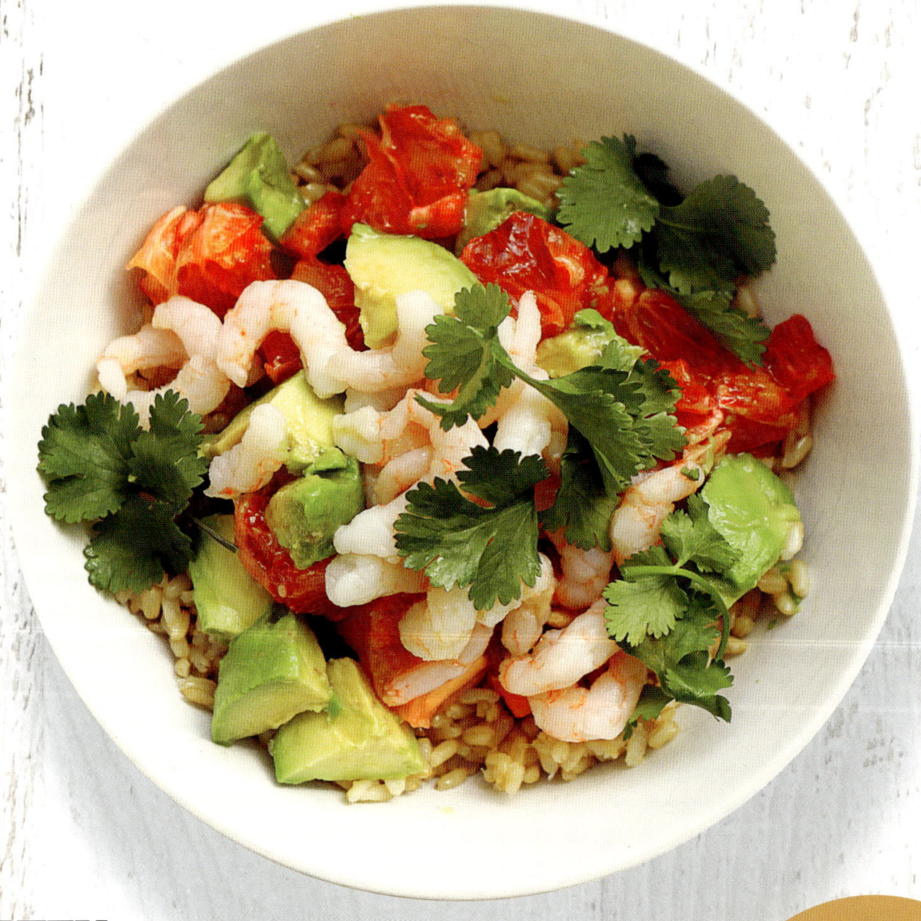

ZUTATEN

50 g Vollkornreis, gegart
½ Blutorange, filetiert und klein geschnitten
½ Avocado, klein geschnitten
10–12 Garnelen, geschält und gegart
1 Handvoll frischer Koriander
1 Spritzer natives, kalt gepresstes Rapskernöl

VEGANE VARIANTE

Die Garnelen durch 1 Handvoll Cashewkerne ersetzen.

Gurke, Avocado, Reis-Porridge & Räucherlachs

ZUTATEN

¼ Tasse Reis-Porridge, mit Wasser zubereitet (s. Seite 16)

50 g Gurke, geschält und klein geschnitten

½ Avocado, klein geschnitten

2 Scheiben Räucherlachs, zerteilt

1 TL Sesamsamen, geröstet

1 TL getrocknete Rotalgenflocken

VEGETARISCHE VARIANTE

Den Räucherlachs durch 1 pochiertes oder hart gekochtes Ei ersetzen.

VEGETARISCH

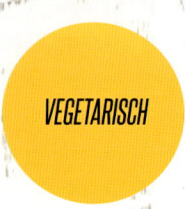

Karotte, Oliven, Amarant & Ziegenkäse

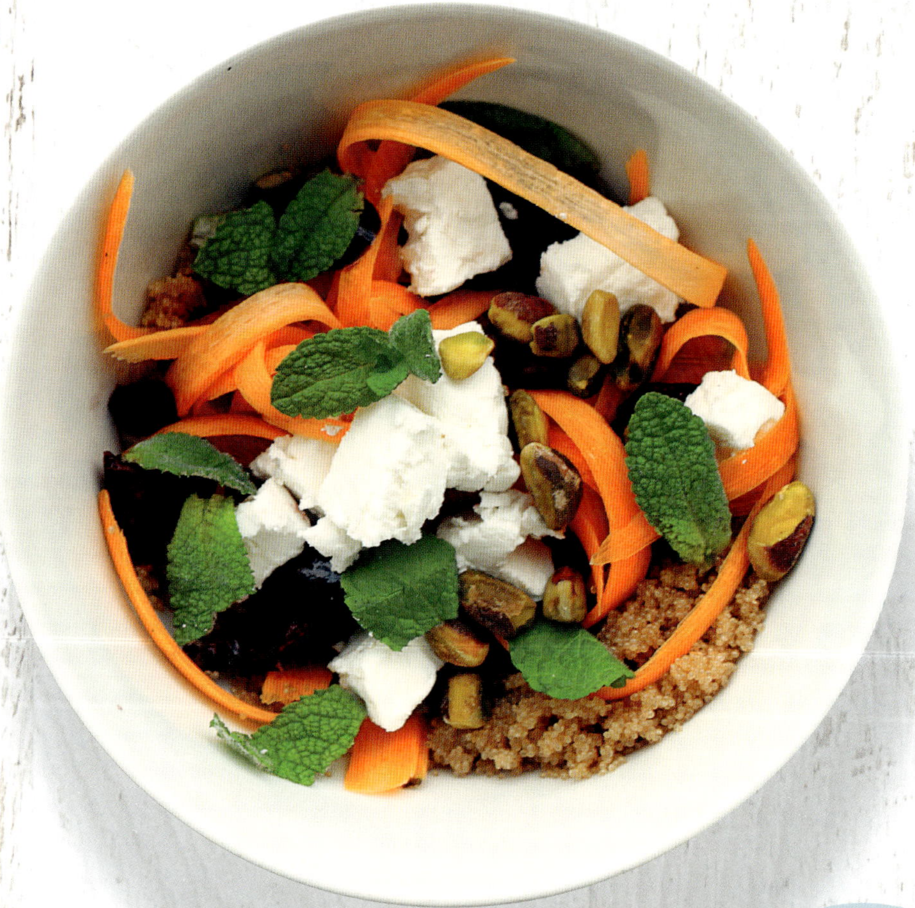

ZUTATEN

50 g Amarant, gegart
1 Karotte, in lange Bänder geschält
1 Handvoll schwarze Oliven, entsteint
40 g Ziegenkäse, zerkrümelt
1 Handvoll frische Minzblätter
1 EL Pistazien

VARIANTE MIT FISCH

50 g pochierten Kabeljau oder pochierte Forelle zugeben.

Aubergine, Paprika, Vollkornreis & Pistazien

ZUTATEN

50 g Vollkornreis, gegart
¼ Aubergine, klein geschnitten und geschmort
½ rote und ½ gelbe Paprika, klein geschnitten
    und geschmort
2 EL Naturjoghurt
1 EL Pistazien

VARIANTE MIT FLEISCH
Noch kleine Stücke pochiertes Hähnchenfleisch zufügen.

Champignons, Zucchini, Bohnen & Pancetta

ZUTATEN

½ Zucchini, in Julienne geschnitten oder in lange Bänder geschält

50 g braune Champignons, in Scheiben geschnitten und kurz angebraten

2 EL Schwarzaugenbohnen (aus der Dose)

30 g Pancetta, gebraten

1 Handvoll frische glatte Petersilie

1 Spritzer natives Olivenöl

Karotte, Kirsch-tomaten, Buchweizen & Sardinen

ZUTATEN

40 g Buchweizen, gegart
1 Karotte, in breite Bänder geschält
1 Handvoll Kirschtomaten, halbiert
2 Sardinen, gegart
1 Handvoll frische glatte Petersilie
½ Avocado, mit 1 EL Zitronensaft und 1 EL Öl püriert
1 TL schwarze Sesamsamen

VARIANTE MIT FLEISCH

Den Fisch durch 30 g gebratenes Hähnchen-fleisch oder geräucherte Chorizo ersetzen.

VEGETARISCH

Karotte, Paprika, schwarzer Reis & Halloumi

ZUTATEN

40 g schwarzer Reis, gegart
1 Karotte, in breite Bänder geschält
½ rote und ½ grüne Paprika, klein geschnitten
  und geschmort
30 g Halloumi, klein geschnitten und gebraten

VARIANTE MIT FLEISCH

30 g gebratenen Bacon oder gebratenen Pancetta dazugeben.

VEGAN

Zucchini, grüne Bohnen, Roggenbrot & Pinienkerne

ZUTATEN

1 kleine Zucchini, in Julienne geschnitten oder in Bänder geschält

1 Scheibe Roggenbrot, klein geschnitten

1 kleine Handvoll grüne Bohnen, gedünstet

1 Handvoll Pinienkerne

1 Spritzer natives Olivenöl

einige frische Minzblätter

VEGETARISCHE VARIANTE
Zusätzlich 2 EL Ricotta oder Hüttenkäse hinzugeben.

Zucchini, Kirschtomaten, Avocado & Hanfsamen

ZUTATEN

½ Zucchini, in breite Bänder geschält
1 Handvoll Kirschtomaten, halbiert
1 Handvoll frischer Koriander
½ Avocado, mit 1 EL Zitronensaft und 1 EL Öl püriert
1 TL geschälte Hanfsamen
1 Spritzer natives Olivenöl

VARIANTE MIT FLEISCH

30 g Parma- oder Räucherschinken zugeben.

VEGETARISCH

Zucchini, Champignons, Buchweizen & Ei

ZUTATEN

40 g Buchweizen, gegart

*1 kleine Zucchini, in Julienne geschnitten, und 1 Ei, zusammen
in der Pfanne gebraten*

50 g braune Champignons, in Scheiben geschnitten und geschmort

1 Frühlingszwiebel, in feine Ringe geschnitten

1 Handvoll frische Minzblätter

1 essbare Kapuzinerkresseblüte (nach Belieben)

**VARIANTE
MIT FLEISCH**

*Zusätzlich 50 g
gebratenen Bacon
zugeben.*

VEGAN

Zucchini, Paprika, Perlgraupen & Sesamsamen

ZUTATEN

½ Zucchini, in Julienne geschnitten

45 g Perlgraupen, gegart

1 rote Paprika, in Streifen geschnitten

1 TL schwarze Sesamsamen

1 Frühlingszwiebel, in feine Ringe geschnitten

1 Spritzer natives Olivenöl

VARIANTE MIT FISCH

Zusätzlich 1 Handvoll geschälte, gegarte Garnelen zugeben.

Karotte, Gurke, Roggenbrot & Feta

ZUTATEN

1 Karotte, in breite Bänder geschält
100 g Gurke, geschält und klein geschnitten
30 g Feta, zerkrümelt
1 Scheibe Roggenbrot, in Streifen geschnitten
1 TL Mohnsamen
1 Handvoll frisches Basilikum

VEGANE VARIANTE
Den Feta durch 50 g Kichererbsen (aus der Dose) oder Hummus ersetzen.

VEGETARISCH

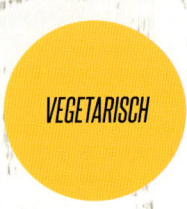

Gurke, Blaubeeren, Roggenbrot & Leinsamen

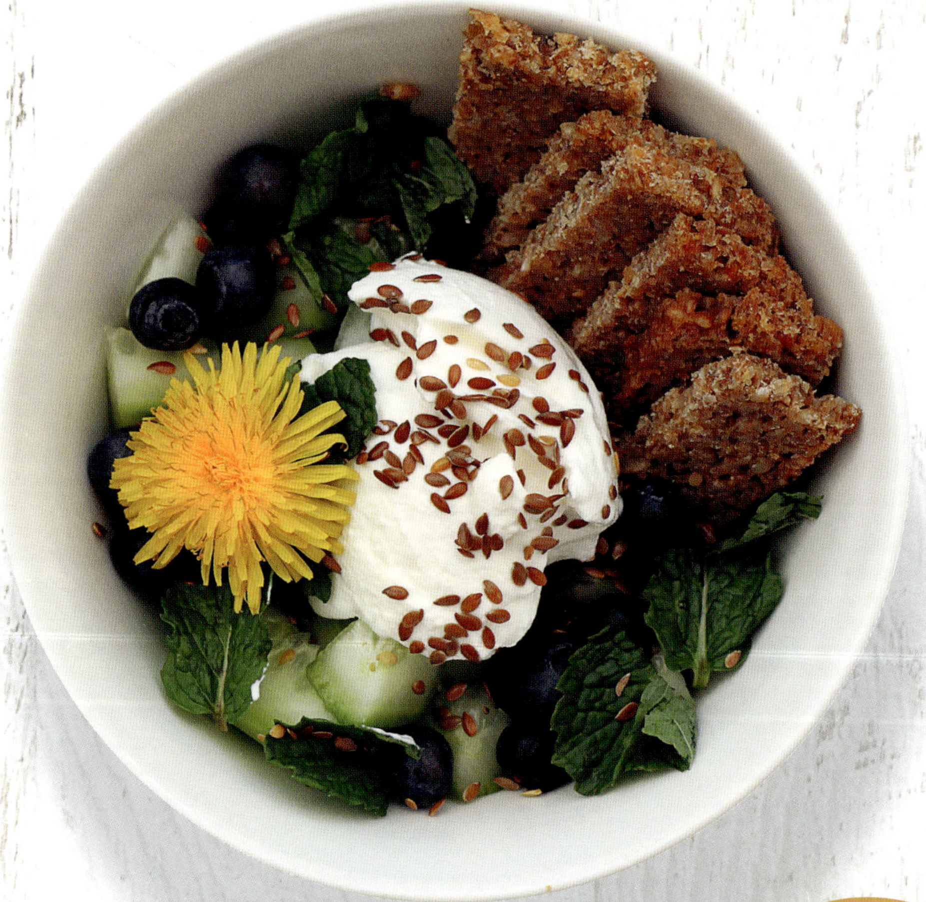

ZUTATEN

50 g Gurke, klein geschnitten
1 Handvoll Blaubeeren
2 EL Naturjoghurt
1 Scheibe Roggen- oder Vollkornbrot, in Streifen geschnitten
1 TL Leinsamen
1 Handvoll frische Minzblätter
1 essbare Löwenzahnblüte (nach Belieben)

VEGANE VARIANTE

Den Naturjoghurt durch Cashewjoghurt (s. Seite 29) ersetzen.

VEGAN

Blaubeeren, Feigen, Roggenbrot & Hasel-nüsse

ZUTATEN

⅓ Tasse Mandelsahne (s. Seite 29)

1 Handvoll Blaubeeren

2 Feigen, klein geschnitten

1 Scheibe Roggenbrot, in Streifen geschnitten

2 EL Haselnüsse

1 Handvoll frische Minzblätter

VEGETARISCHE VARIANTE

Die Mandelsahne durch 30 g zerkrümelten Ziegenkäse ersetzen.

MIT FISCH

Gurke, Olive, Croûtons & Makrele

ZUTATEN

50 g Gurke, geschält und klein geschnitten
1 Handvoll schwarze Oliven, entsteint
½ geräuchertes Makrelenfilet
1 Handvoll Croûtons
1 Handvoll frische glatte Petersilie
1 Spritzer natives Olivenöl

VEGETARISCHE VARIANTE
Die Makrele durch Feta oder Halloumi ersetzen.

Zucchini, Butternutkürbis, Hirse & Linsen

ZUTATEN

½ Zucchini, in breite Bänder geschält

50 g Butternutkürbis, klein geschnitten und geschmort

40 g grüne Linsen oder Puy-Linsen, gegart

1 Handvoll frische Minzblätter

40 g Hirse, gegart

1 Spritzer natives Olivenöl

VEGETARISCHE VARIANTE

Zusätzlich 30 g klein geschnittenen Ricotta salata oder Ziegenkäse dazugeben.

Gurke, getrocknete Tomaten, Brot & Schinken

ZUTATEN

*1 Scheibe Roggen- oder geröstetes Vollkornbrot,
klein geschnitten*

50 g Gurke, geschält und klein geschnitten

1 Handvoll getrocknete Tomaten

30 g Schinken, klein geschnitten

1 TL schwarze Sesamsamen

1 Handvoll frischer Kerbel

VEGETARISCHE VARIANTE
Den Schinken durch Mozzarella oder Ricotta ersetzen.

Gurke, Kirsch- tomaten, Roggenbrot & Halloumi

ZUTATEN

50 g Gurke, geschält und klein geschnitten
1 Handvoll Kirschtomaten, halbiert
30 g Halloumi, gewürfelt und gebraten
1 Scheibe Roggenbrot, in Streifen geschnitten
1 TL Sesamsamen, geröstet
1 Spritzer natives Olivenöl
frische Minzblätter

VEGANE VARIANTE

Den Halloumi durch 50 g Kichererbsen (aus der Dose) ersetzen.

VEGAN

Granatapfelkerne, Champignons & Kichererbsen

ZUTATEN

50 g Amarant, gegart

50 g braune Champignons, klein geschnitten
   und kurz angebraten

30 g Kichererbsen (aus der Dose)

Kerne von ½ Granatapfel

einige frische Basilikumblätter

1 Spritzer natives Olivenöl

VEGETARISCHE VARIANTE

Zusätzlich 2 EL Naturjoghurt zugeben.

Grüne Bohnen, Avocado, Roggenbrot & Pancetta

ZUTATEN

1 kleine Handvoll grüne Bohnen, gedünstet

½ Avocado, klein geschnitten

30 g Pancetta, gebraten

1 Scheibe Roggen- oder geröstetes Vollkornbrot, in Streifen geschnitten

1 Spritzer natives Olivenöl

VEGETARISCHE VARIANTE

Den Pancetta durch Halloumi ersetzen.

Kirschtomaten, Aubergine, Kichererbsen & Sesamsamen

ZUTATEN

50 g Aubergine, klein geschnitten und geschmort
1 Handvoll Kirschtomaten, halbiert
50 g Kichererbsen (aus der Dose)
1 TL Sesamsamen
einige frische Petersilienblätter
1 Spritzer natives Olivenöl

VARIANTE MIT FLEISCH

30 g geräucherte Chorizo oder Räucherschinken hinzufügen.

VEGETARISCH

Grüne Bohnen, Aubergine, Quinoa & Pecorino

ZUTATEN

40 g Quinoa, gegart
½ kleine Aubergine, gewürfelt und geschmort
1 kleine Handvoll grüne Bohnen, gedünstet
30 g Pecorino, zerkrümelt
1 Spritzer natives Olivenöl

VEGANE VARIANTE

Den Pecorino durch 50 g gegarte Puy-Linsen oder Kichererbsen (aus der Dose) ersetzen.

VEGETARISCH

Grüne Bohnen, Butternusskürbis, Buchweizen & Manchego

ZUTATEN

40 g Buchweizen, gegart

50 g Butternusskürbis, klein geschnitten und geröstet

1 kleine Handvoll grüne Bohnen, gedünstet

30 g Manchego, gewürfelt

einige Basilikumblätter

1 Spritzer natives Olivenöl

VARIANTE MIT FLEISCH

Den Manchego durch gebratenes Hähnchenfleisch ersetzen.

Pilze, grüne Bohnen, Reis & Spiegelei

ZUTATEN

40 g schwarzer Reis, gegart

50 g Shiitakepilze, in Scheiben geschnitten
und kurz angebraten

1 kleine Handvoll grüne Bohnen, gedünstet

½ Avocado, klein geschnitten

1 Spiegelei

1 TL Sesamsamen, geröstet

**VARIANTE
MIT FLEISCH**

*Das Spiegelei durch
30 g gebratenes Hähn-
chenfleisch ersetzen.*

Paprika, Gurke, Vollkornreis & Thunfisch

ZUTATEN

50 g Vollkornreis, gegart
50 g Gurke, geschält und gewürfelt
½ Paprika, in Streifen geschnitten
30 g Thunfisch (aus der Dose), zerteilt
1 TL Nori-Algenflocken
1 TL Mohnsamen
1 Spritzer natives Olivenöl

VEGETARISCHE VARIANTE
Den Thunfisch durch Feta oder Halloumi ersetzen.

Austernpilze, Butternusskürbis, Buchweizen & Sesamsamen

ZUTATEN

40 g Buchweizen, gegart

50 g Butternusskürbis, klein geschnitten und geschmort

50 g Austernpilze, in Scheiben geschnitten und gebraten

1 TL Sesamsamen, geröstet

einige frische Basilikumblätter

1 Spritzer natives Olivenöl

VEGETARISCHE VARIANTE

Zusätzlich mit 1 pochierten Ei oder Spiegelei anrichten.

Kirschtomaten, grüne Bohnen, Brot & Ricotta

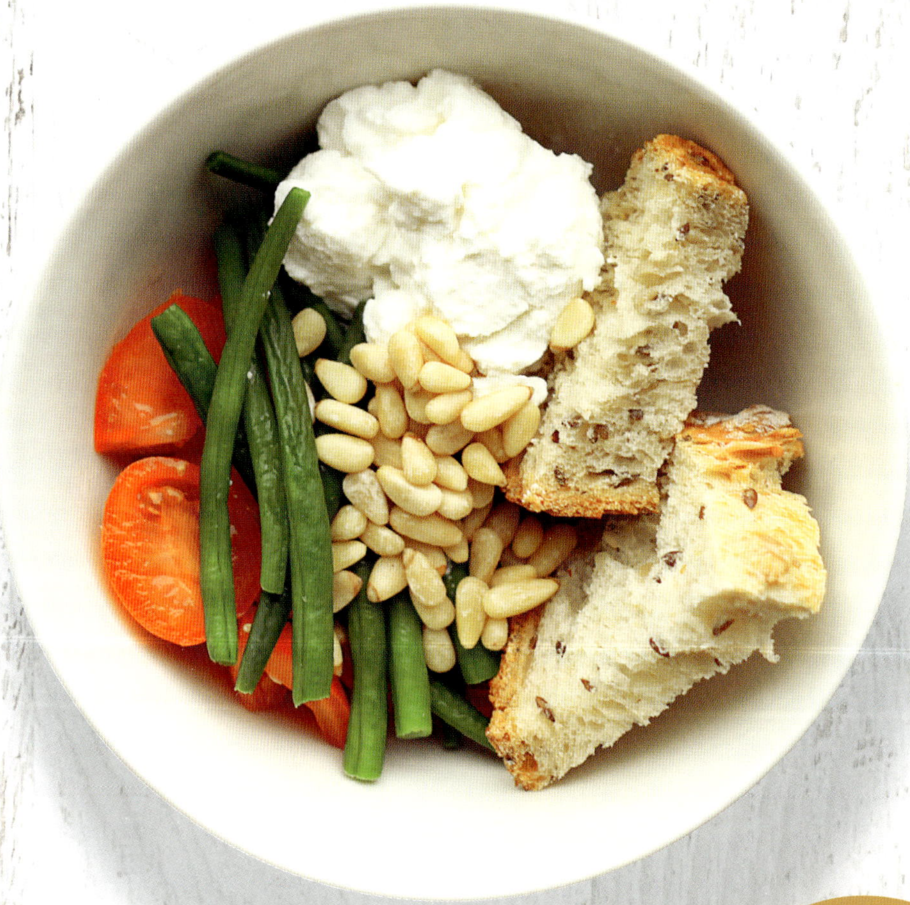

ZUTATEN

3 Kirschtomaten, klein geschnitten
1 kleine Handvoll grüne Bohnen, gedünstet
2 EL Ricotta
1 Scheibe Brot, geröstet und halbiert
2 EL Pinienkerne

VEGETARISCH

Champignons, Avocado, Buchweizen & Ei

ZUTATEN

40 g Buchweizen, gegart

½ Avocado, klein geschnitten

50 g braune Champignons, in Scheiben geschnitten
und gebraten

1 Ei, hart gekocht und halbiert

1 TL schwarze Sesamsamen

1 Spritzer natives Olivenöl

VEGANE VARIANTE
*Das Ei durch 2 EL
Kichererbsen (aus der Dose)
oder gedünstete
Edamame-Bohnen
ersetzen.*

Kirschtomaten, Avocado, Roggenbrot & Bresaola

ZUTATEN

1 Scheibe Roggenbrot, in Streifen geschnitten

1 Handvoll Kirschtomaten, halbiert

1 Handvoll schwarze Kalamata-Oliven, entsteint und klein geschnitten

½ Avocado, in Scheiben geschnitten

50 g Bresaola, zerteilt

1 Spritzer natives Olivenöl

VARIANTE MIT FISCH

Den Bresaola durch Räucherlachs ersetzen.

Zucchini, Oliven, Bohnen & Makrele

ZUTATEN

½ Zucchini, in Julienne geschnitten oder
    in lange Bänder geschält

1 Handvoll schwarze Oliven, entsteint

2 EL Schwarzaugenbohnen, gegart

1 Räuchermakrelen-Filet, zerteilt

1 Handvoll frische Petersilie

1 Spritzer natives Olivenöl

VEGETARISCHE VARIANTE

Die Makrele durch
Feta oder Halloumi
ersetzen.

VEGETARISCH

Oliven, Paprika, Quinoa & Feta

ZUTATEN

40 g Quinoa, gegart

1 Handvoll schwarze Oliven, entsteint

½ rote und ½ gelbe Paprika, klein geschnitten
   und geschmort

30 g Feta, zerkrümelt

1 Handvoll frische Basilikumblätter

1 Spritzer natives Olivenöl

**VARIANTE
MIT FLEISCH**

Noch 30 g gebratenes
Hähnchenfleisch oder
geräucherte Chorizo
hinzufügen.

Butternusskürbis, Paprika, Quinoa & Feta

ZUTATEN

40 g rote Quinoa, gegart
50 g Butternusskürbis, klein geschnitten und geschmort
1 rote Paprika, klein geschnitten und geschmort
30 g Feta, gewürfelt
1 Handvoll frische Basilikum-Minze oder Minze
1 Spritzer natives Olivenöl

VEGANE VARIANTE

Den Feta durch Kichererbsen (aus der Dose) ersetzen.

179

VEGETARISCH

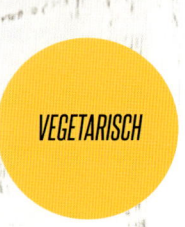

Kirschtomaten, Avocado, Reis & Omelett

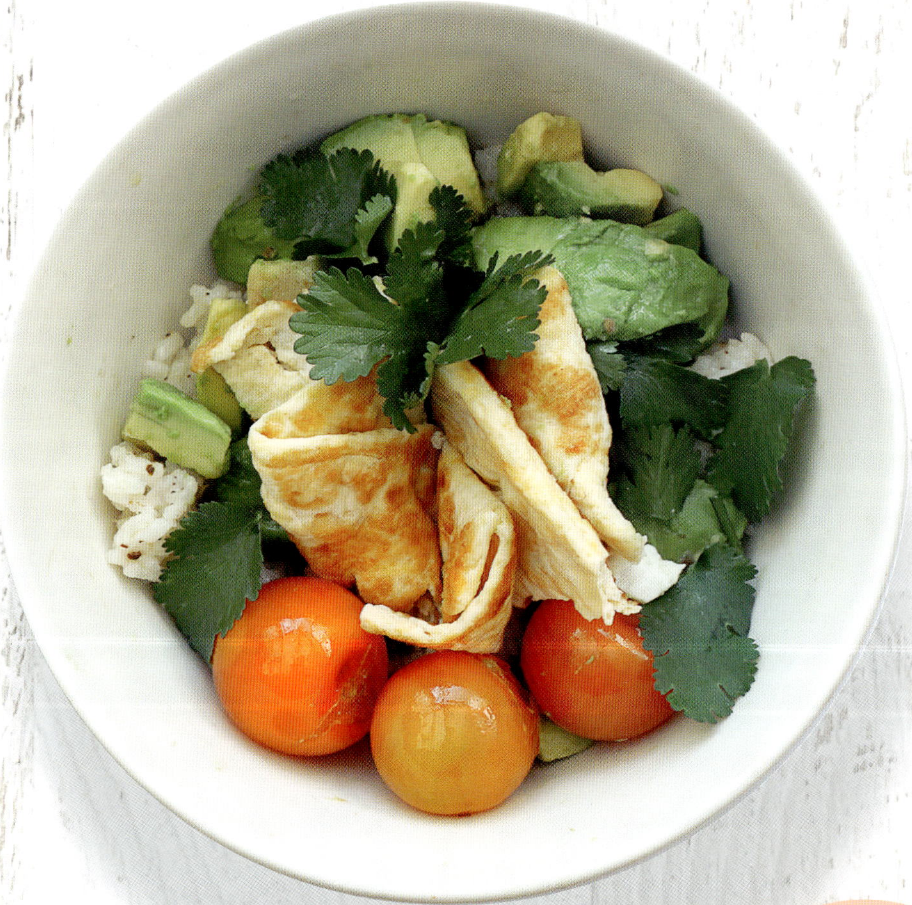

ZUTATEN

3 Kirschtomaten, geschmort
½ Avocado, klein geschnitten
1 kleines Omelett, aus 1 Ei zubereitet
60 g weißer Reis, gegart
1 Handvoll frischer Koriander

VARIANTE MIT FLEISCH
Das Omelett durch 30 g gebratenen Bacon oder gebratenen Pancetta ersetzen.

Paprika, grüne Bohnen, Perlgraupen & Walnüsse

ZUTATEN

45 g Perlgraupen, gegart
1 kleine Handvoll grüne Bohnen, gedünstet
½ rote Paprika, in Streifen geschnitten
1 Handvoll Walnüsse
1 Spritzer natives Olivenöl
einige essbare Ringelblumenblüten (nach Belieben)

VEGETARISCHE VARIANTE
Zusätzlich 30 g gewürfelten Manchego zufügen.

Paprika, Gurke, Roggenbrot & Hummus

ZUTATEN

50 g Gurke, geschält und klein geschnitten
½ rote Paprika, klein gewürfelt
1 Scheibe Roggenbrot, in Streifen geschnitten
2 EL Hummus
1 TL Leinsamen, geröstet
etwas frische glatte Petersilie, fein gehackt
1 Spritzer natives Olivenöl

VARIANTE MIT FLEISCH

Mit 30 g Parmaschinken oder Bresaola anrichten.

Granatapfelkerne, Butternusskürbis & schwarzer Reis

ZUTATEN

40 g schwarzer Reis, gegart
50 g Butternusskürbis, klein geschnitten und geschmort
Kerne von ½ Granatapfel
2 EL Naturjoghurt
1 TL Pinienkerne
1 Spritzer natives Olivenöl

VEGANE VARIANTE
Den Joghurt durch Kichererbsen (aus der Dose) ersetzen.

Butternusskürbis, Oliven, Amarant & Räucherschinken

ZUTATEN

50 g Amarant, gegart
50 g Butternusskürbis, klein geschnitten und geschmort
1 Handvoll Kalamata-Oliven, entsteint und halbiert
30 g Räucherschinken, zerteilt
1 Handvoll frische Minzblätter
1 Spritzer natives Olivenöl

VARIANTE MIT FISCH

Den Räucherschinken durch Räuchermakrele ersetzen.

Tomaten, Champignons, Roggenbrot & Bohnen

ZUTATEN

1 Handvoll Kirschtomaten, geschmort

50 g braune Champignons, in Scheiben geschnitten
  und kurz angebraten

50 g Cannellini-Bohnen (aus der Dose), geschmort

1 Scheibe Roggen- oder Vollkornbrot, in Streifen geschnitten

1 Handvoll frische glatte Petersilie

1 Spritzer natives Olivenöl

VEGETARISCHE VARIANTE

30 g Mozzarella
oder 1 hart gekochtes Ei
zugeben.

VEGAN

Oliven, Avocado, Quinoa & Hanfsamen

ZUTATEN

40 g rote Quinoa, gegart
½ Avocado, klein geschnitten
1 Handvoll schwarze Oliven, entsteint
1 EL geschälte Hanfsamen
1 Handvoll frischer Koriander
1 Spritzer natives Olivenöl

VEGETARISCHE VARIANTE
Zusätzlich 2 EL Ricotta oder Hüttenkäse zugeben.

VEGETARISCH

Paprika, Avocado, Quinoa & Omelett

ZUTATEN

40 g schwarze Quinoa, gegart
1 rote Paprika, in Streifen geschnitten und geschmort
½ Avocado, klein geschnitten
1 kleines Omelett, aus 1 Ei zubereitet
1 Handvoll frischer Estragon
1 Spritzer natives Olivenöl

VARIANTE MIT FLEISCH

30 g Räucherschinken oder gebratenes Hähnchenfleisch zugeben.

Register

Hinweis: Allgemein gebräuchliche Zutaten wie Olivenöl, Essig, Salz und Pfeffer sind nicht aufgeführt.
* Zutaten für die vorgeschlagene „Variante".

Dank

Ich möchte meiner Frau und meinem Sohn danken, die mein Leben so sehr bereichern. Ich danke meiner Familie, die immer da ist, um mich zu unterstützen – meinem Dad, meiner Tante und meinem Onkel; ihr seid einfach großartig!

Mein Dank gilt auch meiner größeren Familie in Pesaro und Mirandola, die mir so viel Liebe und Zuneigung entgegenbringt und mich wie ihren Sohn behandelt.

Ich möchte auch meiner Lektorin Céline und meiner Agentin Claudia meinen Dank aussprechen, die an dieses zweite Abenteuer geglaubt haben. Ein Dankeschön an das ganze Team von Quadrille für die fantastische Arbeit zu *Salat Power*.

Ich danke meinen Freunden, die mich in meinem Leben immer unterstützt haben und meine Reise durch die sozialen Medien verfolgt haben; sie sind meine zweite Stimme.

Ich danke allen Followern und Unterstützern, die mir ihre Zuneigung geschenkt und mich ermutigt haben, meine Arbeit fortzusetzen.